제36회 공인중개사 시험대비 **전면개정** 동영상강의 www.pmg.co.kr

박문각 공인중개사

브랜드만족 1위 박문각

2025

근거자료 별면표기

정석진 부동산세법

빈출지문 지피지기

정석진 편저

박문각

CONTENTS

이 책의 차례

이론+지피지기

지피지기 정답

박문각 공인중개사

이론+지피지기

Chapter 01

소득세

1. 소득세 총설: 국세, 개인, 신고납세제도

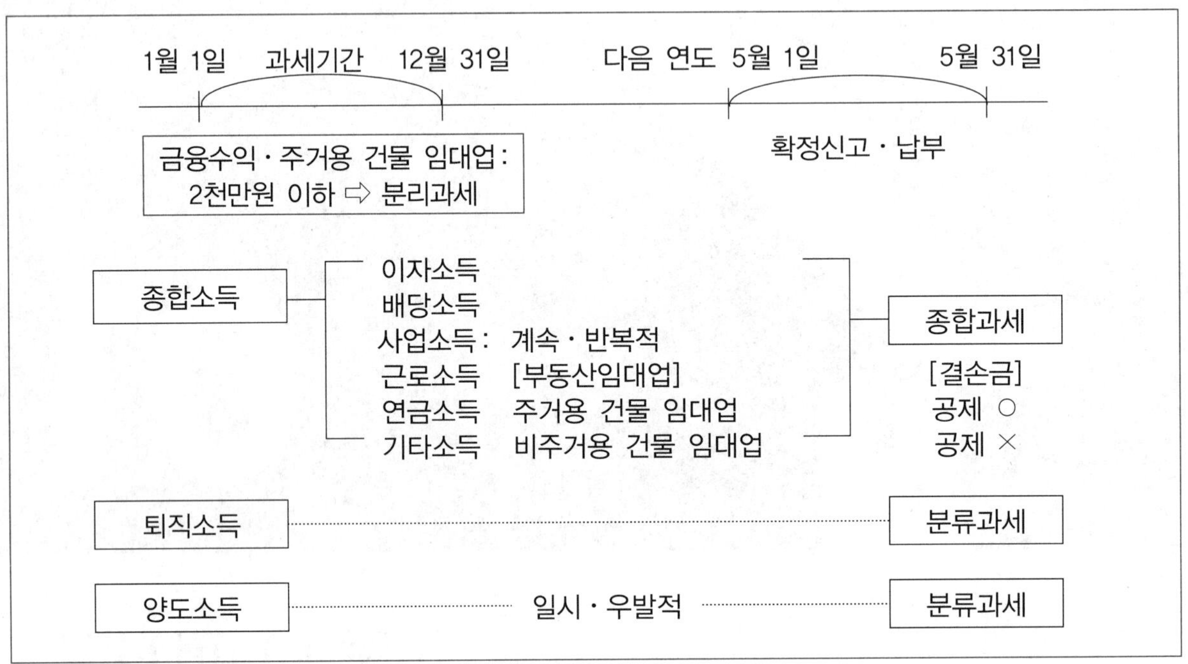

2. 소득세 납세의무자, 납세지

구 분	개 념	납세의무의 범위
거주자	국내에 주소를 두거나 1과세 기간 중 183일 이상 거소를 둔 개인	① (국내원천소득 + 국외원천소득) ② 무제한 납세의무 ③ 납세지: 사람 주소지 관할 세무서
비거주자	거주자가 아닌 개인	① (국내원천소득) cf 국외 × ② 제한 납세의무 ③ 납세지: 국내 사업장의 소재지 관할 세무서

① **국외자산양도에 대한 양도소득세**: 거주자(5년 이상 국내에 주소 또는 거소)

② 공동으로 소유한 자산에 대한 양도소득금액을 계산하는 경우에는 해당 자산을 공동으로 소유하는 각 거주자가 납세의무를 진다.

지피지기

1. 양도소득에 대한 과세표준은 종합소득 및 퇴직소득에 대한 과세표준과 [㉠ 구분, ㉡ 합산]하여 계산한다.

2. 부동산임대업에서 발생한 소득은 [㉠ 사업소득, ㉡ 기타소득]에 해당한다.
3. 주택의 임대로 인하여 얻은 과세대상 소득은 [㉠ 사업소득, ㉡ 기타소득]으로서 해당 거주자의 종합소득금액에 합산된다.

4. 주거용 건물 임대업에서 발생한 결손금은 종합소득 과세표준을 계산할 때 [㉠ 공제한다, ㉡ 공제하지 않는다].
5. 해당 과세기간의 주거용 건물 임대업을 제외한 부동산임대업에서 발생한 결손금은 그 과세기간의 종합소득 과세표준을 계산할 때 [㉠ 공제한다, ㉡ 공제하지 않는다].

6. 사업소득에 부동산임대업에서 발생한 소득이 포함되어 있는 사업자는 그 [㉠ 소득별로 구분하여, ㉡ 소득별로 구분하지 않고] 회계처리하여야 한다.

7. 해당 과세기간의 종합소득금액이 있는 거주자(종합소득 과세표준이 없거나 결손금이 있는 거주자를 포함한다)는 그 종합소득 과세표준을 그 과세기간의 다음 연도 5월 1일부터 5월 31일까지 대통령령으로 정하는 바에 따라 납세지 관할 세무서장에게 신고하여야 하며, 해당 과세기간에 분리과세 주택임대소득이 있는 경우에도 이를 [㉠ 적용한다, ㉡ 적용하지 아니한다].

8. 거주자의 부동산임대업에서 발생하는 사업소득의 납세지는 [㉠ 부동산 소재지, ㉡ 주소지]로 한다.
9. 거주자가 국내 상가건물을 양도한 경우 거주자의 주소지와 상가건물의 소재지가 다르다면 양도소득세 납세지는 [㉠ 거주자의 주소지, ㉡ 상가건물의 소재지]이다.
10. 비거주자가 국내 주택을 양도한 경우 양도소득세 납세지는 [㉠ 비거주자의 국외 주소지, ㉡ 국내 사업장의 소재지]이다.

소득세(부동산임대업)

1. 부동산임대업의 범위

1. **지역권 · 지상권의 대여**: 사업소득
   cf 공익사업과 관련하여 지역권 · 지상권의 대여: 기타소득

2. **지상권의 양도**: 양도소득

2. 비과세 사업소득

1. **논 · 밭의 임대소득**: 논 · 밭을 작물 생산에 이용하게 함으로써 발생하는 소득

2. 주택 임대소득

① 금액에 관계없이 비과세	1개의 주택을 소유하는 자의 주택임대소득
② 과 세	㉠ 1개의 주택을 소유하는 자의 주택임대소득 **예 외** ⓐ 고가주택(과세기간 종료일 기준으로 기준시가 12억원 초과) ⓑ 국외에 소재하는 주택의 임대소득
	㉡ 2개 이상의 주택을 소유하는 자의 주택임대소득

주택 수의 계산

① 다가구주택: 1개의 주택 cf 구분등기 ⇨ 각각을 1개의 주택으로

② 공동소유의 주택: 지분이 가장 큰 자의 소유로 계산

> **(비교) 공동소유의 주택**
> ㉠ 부동산임대업: 지분이 가장 큰 자의 소유로 계산
> ㉡ 양도세(=종합부동산세): 각각(각자)

③ 전대, 전전세: 임차인 또는 전세받은 자의 주택으로 계산

④ 본인과 배우자: 합산

3. 부동산임대업의 소득금액 계산

부동산임대업의 소득금액 계산

<table>
<tr><td colspan="2">부동산임대업의 소득금액 = 총수입금액(임대료 + 간주임대료) − 필요경비
① 임대료: 월세
② 간주임대료: 보증금 · 전세금에 대한 이자상당액</td></tr>
<tr><td>총수입금액(임대료 + 간주임대료)
− 필요경비(소송비용, 감가상각비, 현재가치할인차금상각액)
= 소득금액 cf (−): 결손금</td><td>양도가액
− 취득가액
− 기타필요경비
= 양도차익</td></tr>
</table>

cf 주택에 대한 간주임대료

1. **원칙**: 간주임대료 ×
2. **예외**: 간주임대료 ○

and (동시 충족)	① 3주택 이상
	② 보증금 합계액이 3억원 초과

ㄴ 주택 수에 포함×(소형주택) (2026년 12월 31일까지)

and (동시 충족)	㉠ 전용면적 40m² 이하
	㉡ 기준시가 2억원 이하

❙지피지기

1. 공익사업과 관련된 지상권의 대여로 인한 소득은 [㉠ 부동산임대업, ㉡ 기타소득]에서 발생한 소득에서 제외한다.
2. 공익사업을 위한 토지 등의 취득 및 보상에 관한 법률에 따른 공익사업과 관련하여 지역권을 대여함으로써 발생하는 소득은 [㉠ 부동산업, ㉡ 기타소득]에서 발생하는 소득으로 한다.

3. 주택 1채만을 소유한 거주자가 과세기간 종료일 현재 기준시가 13억원인 해당 주택을 전세금을 받고 임대하여 얻은 소득에 대해서는 소득세가 [㉠ 과세되지 아니한다, ㉡ 과세된다].
4. 3주택(주택 수에 포함되지 않는 주택 제외) 이상을 소유한 거주자가 주택과 주택부수토지를 임대(주택부수토지만 임대하는 경우 제외)한 경우에는 법령으로 정하는 바에 따라 계산한 금액(간주임대료)을 총수입금액에 [㉠ 산입한다, ㉡ 산입하지 아니한다].
5. 주택 2채를 소유한 거주자가 1채는 월세계약으로 나머지 1채는 전세계약의 형태로 임대한 경우, [㉠ 월세계약에 의하여 받은 임대료, ㉡ 전세계약에 의하여 받은 간주임대료]에 대해서만 소득세가 과세된다.
6. 간주임대료 계산시 3주택 이상 여부 판정에 있어 주택 수에 포함되지 않는 주택이란 주거의 용도로만 쓰이는 면적이 1호 또는 1세대당 [㉠ $40m^2$, ㉡ $60m^2$] 이하인 주택으로서 해당 과세기간의 기준시가가 [㉢ 2억원, ㉣ 3억원] 이하인 주택을 말한다.

7. 임대보증금의 간주임대료를 계산하는 과정에서 금융수익을 차감할 때 그 금융수익은 [㉠ 수입이자와 할인료, ㉡ 수입배당금, ㉢ 유가증권처분이익]으로 한다.

MEMO

Chapter 03

양도소득세

1. 양도의 정의: "사실상 유상이전"

양도로 보는 경우	양도로 보지 아니하는 경우
① 매도 ② 교환(유상) ③ 현물출자 ④ 대물변제 ㉠ 재산분할청구: 양도 ×, 증여 × ㉡ 부동산으로 위자료를 대물변제하는 경우: 양도 ○ ⑤ 부담부증여 ㉠ 수증자가 인수한 채무상당액: 양도 ○ ⓐ 증여자: 양도세 ⓑ 수증자: 증여세, 취득세 • 채무액: 유상 • 채무액을 제외한 나머지 부분: 무상 ㉡ 배우자 · 직계존비속 간: 증여추정 ⓐ 증여자: × ⓑ 수증자: 증여세, 취득세(무상) cf 양도: 채무액이 객관적으로 인정되는 경우 ⑥ 수용 ⑦ 공매, 경매 cf 자기가 재취득: 양도 ×	① 무상이전: 상속, 증여 ② 환지처분 및 보류지 충당 ㉠ 환지받은 토지, 보류지를 양도한 경우: 양도 ○ ㉡ 환지청산금을 교부받는 부분: 양도 ○ ③ 지적경계선 변경을 위한 토지의 교환 ④ 양도담보 ㉠ 양도담보 제공시: 양도 × ㉡ 채무불이행시: 양도 ○ ⑤ 공유물의 분할(단순 분할) ㉠ 지분증가: 취득 ㉡ 지분감소: 양도 ⑥ 소유권환원(매매원인 무효의 소) ⑦ 신탁 · 신탁해지 ⑧ 배우자 · 직계존비속 간의 양도: 증여추정 cf 양도(= 유상취득) ㉠ 공매(경매) ㉡ 파산선고 ㉢ 교환 ㉣ 대가를 지급한 사실이 증명되는 경우

★★★ 배우자 · 직계존비속 이외의 자 간 부담부증여: 수증자가 인수한 채무상당액(양도 ○)

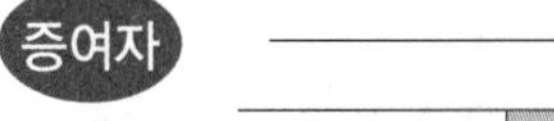

증여가액	채무액	2억원
5억원	채무액 외	3억원

① 증여자	양도세(2억원)		
② 수증자	㉠ 증여세(3억원)		
	㉡ 취득세(5억원)	채무액(2억원)	유상취득
		채무액 외(3억원)	무상취득

cf 부담부증여시 양도가액 및 취득가액

$$= \text{양도 · 취득 당시의 가액} \times \frac{\text{인수한 채무상당액}}{\text{증여가액}}$$

지피지기

1. 부동산의 취득은 「민법」 등 관계 법령에 따른 등기를 하지 아니한 경우라도 사실상 취득하면 취득한 것으로 [㉠ 본다, ㉡ 보지 아니한다].

2. 직계비속이 권리의 이전에 등기가 필요한 직계존속의 부동산을 서로 교환한 경우 [㉠ 무상, ㉡ 유상]으로 취득한 것으로 본다.

3. 부담부증여시 그 증여가액 중 채무액에 해당하는 부분을 제외한 부분은 「소득세법」상 [㉠ 양도에 해당한다, ㉡ 양도에 해당하지 않는다].
4. 증여자의 채무를 인수하는 부담부증여로 취득한 경우로서 그 채무액에 상당하는 부분을 제외한 나머지 부분의 경우 [㉠ 유상, ㉡ 무상] 취득으로 본다.
5. 증여자가 배우자 또는 직계존비속이 아닌 경우 증여자의 채무를 인수하는 부담부 증여의 경우에는 그 채무액에 상당하는 부분은 부동산 등을 [㉠ 유상, ㉡ 무상]으로 취득하는 것으로 본다.
6. 배우자 간 부담부증여로서 수증자에게 인수되지 아니한 것으로 추정되는 채무액은 부담부증여의 채무액에 해당하는 부분에서 [㉠ 제외한다, ㉡ 제외하지 아니한다].

7. 거주자 甲은 국내에 있는 양도소득세 과세대상 X토지를 2016년 시가 1억원에 매수하여 2025년 배우자 乙에게 증여하였다. X토지에는 甲의 금융기관 차입금 5천만원에 대한 저당권이 설정되어 있었으며 乙이 이를 인수한 사실은 채무부담계약서에 의하여 확인되었다. X토지의 증여가액과 증여시 「상속세 및 증여세법」에 따라 평가한 가액(시가)은 각각 2억원이었다.
   ① 乙이 인수한 채무 5천만원에 해당하는 부분은 [㉠ 양도, ㉡ 증여]로 본다.
   ② 양도로 보는 부분의 취득가액은 [㉠ 2천5백만원, ㉡ 1억원]이다.
   ③ 양도로 보는 부분의 양도가액은 [㉠ 5천만원, ㉡ 2억원]이다.

8. 본인 소유자산을 경매·공매로 인하여 자기가 재취득하는 경우 「소득세법」상 [㉠ 양도에 해당한다, ㉡ 양도에 해당하지 않는다].

9. 매매원인 무효의 소에 의하여 그 매매사실이 원인무효로 판시되어 환원될 경우 「소득세법」상 [㉠ 양도에 해당한다, ㉡ 양도에 해당하지 않는다].

2. 양도세 과세대상

토지 또는 건 물	등기 · 등록 여부와 관계없이 과세
부동산에 관한 권리	(1) **부동산을 취득할 수 있는 권리** ① 건물이 완성되는 때에 그 건물과 이에 딸린 토지를 취득할 수 있는 권리 (아파트당첨권 · 분양권 · 입주권 등) ㉠ 조합원입주권: 주택 ×, 주택 수 포함 ○ ㉡ 분양권: 주택 ×, 주택 수 포함 ○ ② 지방자치단체 · 한국토지공사가 발행하는 토지상환채권 및 주택상환사채 cf 토지개발채권 ×, 국민주택채권 × ③ 부동산매매계약을 체결한 자가 계약금만 지급한 상태에서 양도하는 권리 (2) **지상권** (3) **전세권과 등기된 부동산임차권** cf 등기되지 아니한 부동산임차권: 기타소득(종합소득)
주식 또는 출자지분 (주식 등)	(1) 특정 주권상장법인의 주식 등 ① 대주주가 양도하는 것 ② 장외 양도분 (2) 주권비상장법인의 주식 등(비상장주식) (3) 외국법인이 발행하였거나 외국에 있는 시장에 상장된 주식 등
기타자산	(1) **사업에 사용하는 토지 · 건물 및 부동산에 관한 권리와 함께 양도하는 영업권** cf 영업권(점포임차권 포함)의 단독양도: 기타소득(종합소득) (2) **특정시설물의 이용권 · 회원권(이용 · 회원권의 성격이 내포된 주식 포함)(배타적)** cf 골프 회원권, 콘도 회원권 (3) 과점주주가 소유한 부동산 과다보유법인의 주식(50% − 50% − 50%) (4) 특수업종을 영위하는 부동산 과다보유법인의 주식(80% − 1주 − 1주) (5) **토지 · 건물과 함께 양도하는 「개발제한구역의 지정 및 관리에 관한 특별조치법」에 따른 이축을 할 수 있는 권리(이축권). 다만, 해당 이축권 가액을 대통령령으로 정하는 방법에 따라 별도로 평가하여 신고하는 경우는 제외한다.**
파생상품 등	파생상품 등의 거래 또는 행위로 발생하는 소득(일정한 파생상품)
신탁 수익권	신탁의 이익을 받을 권리(「자본시장과 금융투자업에 관한 법률」 제110조에 따른 수익증권 및 같은 법 제189조에 따른 투자신탁의 수익권 등 대통령령으로 정하는 수익권은 제외하며, 이하 "신탁 수익권"이라 한다)의 양도로 발생하는 소득. 다만, 신탁 수익권의 양도를 통하여 신탁재산에 대한 지배 · 통제권이 사실상 이전되는 경우는 신탁재산 자체의 양도로 본다.

❙ 지피지기

1. 거주자가 국내 자산 중 [㉠ 지역권, ㉡ 지상권, ㉢ 전세권]을 양도한 경우 양도소득세가 과세된다.

2. 거주자가 국내 자산 중 [㉠ 등기된 부동산임차권, ㉡ 등기되지 않은 부동산임차권]을 양도한 경우 양도소득세가 과세된다.

3. 거주자가 국내 자산 중 [㉠ 영업권(사업용 고정자산과 분리되어 양도되는 것), ㉡ 사업용 건물과 함께 양도하는 영업권]을 양도한 경우 양도소득세가 과세된다.

4. 토지 및 건물과 함께 양도하는 「개발제한구역의 지정 및 관리에 관한 특별조치법」에 따른 이축권(해당 이축권 가액을 대통령령으로 정하는 방법에 따라 [㉠ 별도로 평가하여 신고하지 않음, ㉡ 별도로 평가하여 신고함])은 양도소득세 과세대상에 해당한다.

3. 양도 또는 취득시기

1. 유상 양도 및 취득시기

(1) 원칙: 사실상 대금을 청산한 날

(2) 예외: 등기·등록접수일

① 대금을 청산한 날이 분명하지 아니한 경우

② 대금을 청산하기 전에 소유권이전등기를 한 경우

2. **장기할부조건**(2회 이상 분할, 1년 이상): ~ 빠른 날

3. **자기가 건설한 건축물**: [구청(준공검사) → 등기소(보존등기)]

(1) 허 가

① 원칙: 사용승인서 교부일

② 예외: ~ 빠른 날

(2) 무허가: 사실상의 사용일

4. 상속 또는 증여

(1) 상속: 상속이 개시된 날

cf 세율 적용시: 피상속인이 그 자산을 취득한 날

(2) 증여: 증여를 받은 날(=증여등기접수일)

① 이월과세: 증여자의 취득일

② 취득세: 증여 계약일

5. **점유**(민법의 시효취득): 점유를 개시한 날

6. **수용되는 경우**: ~ 빠른 날

7. **대금을 청산한 날까지 완성**(확정) ×: 목적물이 완성 또는 확정된 날

8. 환지처분으로 인하여 취득한 토지

(1) 환지 전의 토지의 취득일

(2) 증가(감소)된 경우: 환지처분의 공고가 있은 날의 다음 날(익일)

9. 취득시기의 의제

(1) 토지·건물·부동산에 관한 권리·기타자산: 1985년 1월 1일

(2) 주식 등: 1986년 1월 1일

10. 기타의 양도 또는 취득시기

(1) **아파트 당첨권**의 취득시기: 당첨일(잔금청산일)

(2) **경매**에 의하여 자산을 취득하는 경우: 경매대금을 완납한 날

(3) 잔금을 **어음**이나 기타 이에 준하는 증서로 받은 경우: 어음 등의 결제일

(4) 법원의 **무효**판결로 소유권이 환원된 자산: 당초 취득일

지피지기

1. 대금을 청산한 날이 분명하지 아니한 경우 [㉠ 등기부 · 등록부 또는 명부 등에 기재된 등기 · 등록접수일 또는 명의개서일, ㉡ 계약일부터 60일이 경과한 날]을 「소득세법」상 양도차익 계산시 취득 및 양도시기로 한다.
2. 대금을 청산하기 전에 소유권이전등기(등록 및 명의개서 포함)를 한 경우 [㉠ 등기부 · 등록부 또는 명부 등에 기재된 등기접수일, ㉡ 사실상 대금을 청산한 날]을 「소득세법」상 양도차익 계산시 취득 및 양도시기로 한다.
3. 기획재정부령이 정하는 장기할부조건의 경우에는 소유권이전등기(등록 및 명의개서를 포함)접수일 · 인도일 또는 사용수익일 중 [㉠ 빠른 날, ㉡ 늦은 날]을 「소득세법」상 양도차익 계산시 취득 및 양도시기로 한다.
4. 자기가 건설한 건축물에 있어서 건축허가를 받지 아니하고 건축하는 건축물은 [㉠ 추후 사용승인 또는 임시사용승인을 받는 날, ㉡ 사실상의 사용일]을 「소득세법」상 양도차익 계산시 취득시기로 한다.
5. 상속에 의하여 취득한 자산에 대하여는 [㉠ 그 상속이 개시된 날, ㉡ 소유권이전등기일]을 「소득세법」상 양도차익 계산시 취득시기로 한다.
6. 「도시개발법」에 따른 환지처분으로 교부받은 토지의 면적이 환지처분에 의한 권리면적보다 증가한 경우 그 증가된 면적의 토지에 대한 취득시기는 [㉠ 환지처분의 공고가 있은 날, ㉡ 환지처분의 공고가 있은 날의 다음 날]로 한다.

4. 양도소득 과세표준과 세액의 계산

	구 분	원칙(실지거래가액)	예외(추계)
	양도가액	실지 양도가액	추계(매 · 감 · 기)
−	취득가액	실지 취득가액	추계(매 · 감 · 환 · 기)
		① 매입가액 + 취득세 + 기타부대비용 ② 소송비용 · 화해비용 ③ 당사자 약정 이자상당액 cf 지연이자 ×	−
−	기타필요경비	자본적 지출액 + 양도비용	필요경비개산공제
		① 자본적 지출액: 내용연수 연장, 가치증가 cf 수익적 지출액: 원상회복, 능률유지(×) ② 양도비용: 중개보수, 매각차손	① 취득가액이 추계인 경우 ② 취득당시 기준시가 × 공제율
=	양도차익	−	
−	장기보유특별공제	① 양도차익 × 공제율 ② 적용대상: 토지 · 건물 · 조합원입주권 ③ 보유기간: 3년 이상 보유 ④ 적용배제: 미등기양도자산, ~~(1세대 2주택 이상 + 조정대상지역 주택)~~ ⑤ 공제율: ㉠ ㉡ 이외(2%씩): 6%~30% ㉡ 1세대 1주택인 고가주택(실가 12억원 초과)(2년 이상 거주): [(보유기간: 4%씩) + (거주기간: 4%씩)]	
=	양도소득금액	−	
−	양도소득기본공제	① 소득별로 각각 연(1월 1일~12월 31일) 250만원 ㉠ 토지 · 건물, 부동산에 관한 권리, 기타자산 ㉡ 주식 또는 출자지분(주식 등) ㉢ 파생상품 등 ㉣ 신탁 수익권 ② 적용배제: 미등기양도자산	
=	과세표준	−	
×	세 율	−	
=	산출세액	−	
−	감면세액	−	
−	세액공제	외국납부세액공제	
+	가산세	무(과소)신고가산세, 납부지연가산세	
=	자진 납부할 세액	−	
−	분납할 세액	−	
=	자진 납부세액	−	

5. 실지거래가액에 의한 양도차익

1. **양도가액**: 양도당시의 실지거래가액(양도소득의 총수입금액)

2. **취득가액**: 취득에 든 실지거래가액(현재가치할인차금 포함)
   ① 매입가액 + 취득세 + 기타 부대비용(중개보수, 소유권이전비용)
   ② 소송비용・화해비용(사업소득금액 계산시 필요경비에 산입된 것을 제외한 금액)
   ③ 당사자 약정에 의한 이자상당액
      cf 지급기일의 지연으로 인하여 추가로 발생하는 이자상당액(×)
      cf 대출금의 이자지급액(×)
   ④ 감가상각비(사업소득금액 계산시 필요경비에 산입한 금액): 취득가액에서 공제=양도차익을 계산할 때 양도가액에서 공제할 필요경비로 보지 아니한다.
   ⑤ 현재가치할인차금의 상각액(사업소득금액 계산시 필요경비에 산입한 금액): 취득가액에서 공제=양도차익을 계산할 때 양도가액에서 공제할 필요경비로 보지 아니한다.
   ⑥ 납부영수증이 없는 취득세(○) cf 감면되는 경우(×)
   ⑦ 상속, 증여: 「상속세 및 증여세법」의 규정에 의하여 평가한 가액
      ㉠ 원칙: 시가(시세)
      ㉡ 예외: 보충적 평가방법(기준시가)
   ⑧ 포함(×): 재산세, 종합부동산세, 상속세, 증여세, 부당행위계산에 의한 시가초과액(업 계약서)

3. **기타필요경비**(자본적 지출액 + 양도비용)
   [필요경비 인정: 적격 증명서류 수취・보관 또는 금융거래 증명서류 확인]
   ① **자본적 지출액**
      ㉠ 내용연수(수명) 연장, 가치를 증가시키기 위하여 지출한 수선비
      ㉡ 취득한 후 소송비용・화해비용(사업소득금액 계산시 필요경비에 산입된 것을 제외한 금액)
      ㉢ 양도자산의 용도변경・개량 또는 이용편의를 위하여 지출한 비용
      ㉣ 개발부담금, 재건축부담금, 베란다 샤시, 거실 및 방 확장공사비 등
         cf 수익적지출(원상회복, 능률유지): ×
   ② **양도비용**
      ㉠ 양도소득세과세표준 신고서 작성비용, 계약서 작성비용, 공증비용, 인지대, 소개비(중개보수)
      ㉡ 매각차손
         cf 금융기관 외의 자에게 양도한 경우: 금융기관에 양도하였을 경우 발생하는 매각차손을 한도

6. 추계결정에 의하는 경우 양도 · 취득가액과 기타의 필요경비

1. 양도가액 또는 취득가액을 추계결정 또는 경정하는 경우에는 다음의 방법을 순차로 적용하여 산정한 가액에 의한다.

① **(매) 매사례가액**: 양도일 또는 취득일 **전후 각 3개월 이내**에 해당 자산(주권상장법인의 주식 등은 제외)과 동일성 또는 유사성이 있는 자산의 매매사례가 있는 경우 그 가액

② **(감) 정가액**: 양도일 또는 취득일 **전후 각 3개월 이내**에 해당 자산(주식 등을 제외)에 대하여 **둘 이상의 감정평가법인 등이** 평가한 것으로서 신빙성이 있는 것으로 인정되는 감정가액(감정평가기준일이 양도일 또는 취득일 전후 각 3개월 이내인 것에 한정)이 있는 경우에는 그 **감정가액의 평균액**(다만, 기준시가가 10억원 이하인 경우에는 하나)

③ **(환) 산 취득가액**: 토지 · 건물 및 부동산을 취득할 수 있는 권리의 경우에는 다음 산식에 의하여 계산한 가액 cf **양도가액은 환산(×)**

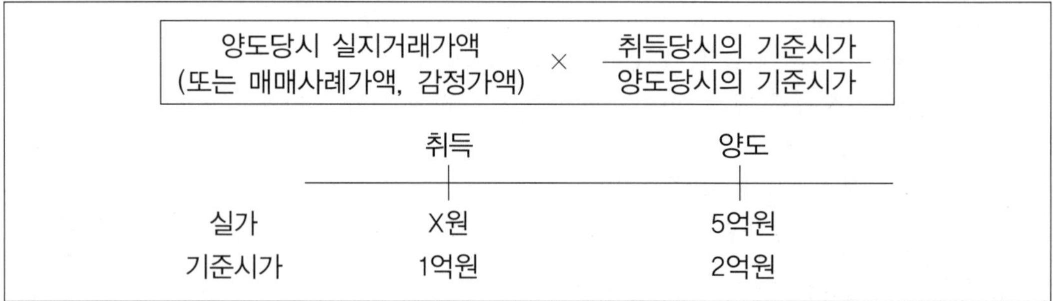

④ **(기) 준시가**

2. 필요경비개산공제

취득가액을 추계조사(매매사례가액, 감정가액, 환산취득가액) 또는 기준시가로 산정하는 경우 인정되는 필요경비

구 분		필요경비개산공제액
① **토지와 건물**(일반건물, 오피스텔 및 상업용 건물, 주택)		취득당시의 기준시가 × 3% (미등기양도자산은 0.3%)
② **부동산에 관한 권리**	**지상권 · 전세권 · 등기된 부동산 임차권**	취득당시의 기준시가 × 7% (미등기양도자산은 제외)
	부동산을 취득할 수 있는 권리	취득당시의 기준시가 × 1%
③ **주식 · 출자지분** ④ **기타자산** ⑤ **신탁 수익권**		

3. 추계방법에 의한 취득가액을 환산취득가액으로 하는 경우 세부담의 최소화

필요경비 = MAX(①, ②)
① (환산취득가액 + 필요경비개산공제)
② (자본적지출액 + 양도비)

지피지기

1. 양도차익을 실지거래가액에 의하는 경우 양도가액에서 공제할 취득가액은 그 자산에 대한 감가상각비로서 각 과세기간의 사업소득금액을 계산하는 경우 필요경비에 산입한 금액이 있을 때에는 이를 [㉠ 공제한 금액, ㉡ 공제하지 않은 금액]으로 한다.
2. 취득원가에 현재가치할인차금이 포함된 양도자산의 보유기간 중 사업소득금액 계산시 필요경비로 산입한 현재가치할인차금상각액은 양도차익을 계산할 때 양도가액에서 공제할 필요경비로 [㉠ 본다, ㉡ 보지 아니한다].
3. 「소득세법」 제97조 제3항에 따른 취득가액을 계산할 때 감가상각비를 공제하는 것은 [㉠ 취득가액을 실지거래가액으로 하는 경우, ㉡ 취득가액을 환산가액으로 하는 경우] 적용한다.

4. 취득가액을 실지거래가액에 의하는 경우 자본적지출액은 그 지출에 관한 증명서류를 수취·보관한 경우 [㉠ 또는, ㉡ 와] 실제 지출사실이 금융거래 증명서류에 의하여 확인되는 경우 필요경비로 인정한다.

5. 특수관계인 간의 거래가 아닌 경우로서 취득가액인 실지거래가액을 인정 또는 확인할 수 없어 그 가액을 추계결정 또는 경정하는 경우에는 [㉠ 매매사례가액, 감정가액, 기준시가, ㉡ 매매사례가액, 감정가액, 환산취득가액, 기준시가]의 순서에 따라 적용한 가액에 의한다.

6. 등기된 토지를 양도한 경우 취득가액을 환산취득가액으로 하는 경우 [㉠ 취득당시, ㉡ 양도당시] 개별공시지가에 3/100을 곱한 금액이 필요경비에 포함된다.
7. 추계방법에 의한 취득가액을 환산취득가액으로 하는 경우 양도소득세 부담을 최소화하기 위한 양도차익 계산시 (환산취득가액 + 필요경비개산공제)와 (자본적지출액 + 양도비) 중 [㉠ 큰, ㉡ 작은] 금액을 필요경비로 한다.

8. 「소득세법」상 거주자 甲이 2020년 5월 2일 취득하여 2025년 3월 20일 등기한 상태로 양도한 건물에 대한 자료이다. 甲의 양도소득세 부담을 최소화하기 위한 양도차익은 [㉠ 1억4천만원, ㉡ 1억4천7백만원]이다.

> ㉠ 취득과 양도당시 실지거래가액은 확인되지 않는다.
> ㉡ 취득당시 매매사례가액과 감정가액은 없으며, 기준시가는 1억원이다.
> ㉢ 양도당시 매매사례가액은 3억원이고 감정가액은 없으며, 기준시가는 2억원이다.
> ㉣ 자본적 지출액(본래의 용도를 변경하기 위한 개조비)은 1억4천만원, 양도비 지출액(공증비용・인지대・소개비)은 2천만원이다.

9. 다음은 거주자가 국내소재 1세대 1주택을 양도한 내용이다. 양도차익은 [㉠ 87,900,000원, ㉡ 439,500,000원]이다.

(1) 취득 및 양도 내역(등기됨)

구 분	가 액		거래일자
	실지거래가액	기준시가	
양 도	15억원	5억원	2025. 3. 2.
취 득	확인 불가능	3억 5천만원	2017. 2. 4.

(2) 자본적 지출 및 양도비용은 1천 7백만원이다.
(3) 주어진 자료 외는 고려하지 않는다.

MEMO

7. 장기보유특별공제

1. **취지**: 동결효과 방지, 결집효과 완화

2. **적용대상**: 토지 · 건물 · 조합원입주권(3년 이상 보유)

3. **적용배제**: 미등기양도자산, ~~(1세대 2주택 이상 + 조정대상지역 주택)~~

4. **보유기간**
   ① 취득일 ~ 양도일
   ② 이월과세: 증여자가 취득한 날부터 기산

5. **장기보유특별공제액**: 양도차익 × 공제율
   ① ② 이외(2%씩): 6% ~ 30%
   ② 1세대 1주택인 고가주택(2년 이상 거주): [(보유기간: 4%씩) + (거주기간: 4%씩)]

6. **동일연도에 수회 양도**: 자산별

8. 양도소득기본공제

1. **소득별로 각각 연(1/1~12/31) 250만원 = 결손금의 통산**
   ① 토지 · 건물, 부동산에 관한 권리, 기타자산**(미등기양도자산은 제외)**
   ② 주식 또는 출자지분(주식 등)
   ③ 파생상품 등
   ④ 신탁 수익권

2. **공제 순서**
   ① 감면 외, 감면 외: 먼저 양도한 자산부터
   ② 감면, 감면 외: 감면 외에서 먼저 공제

3. **공유자산**: 공유자 각자

지피지기

1. 「소득세법」 제104조 제3항에 따른 미등기 양도자산에 대하여는 장기보유특별공제를 [㉠ 적용하지 아니한다, ㉡ 적용한다].
2. 장기보유특별공제액은 건물의 [㉠ 양도가액, ㉡ 양도차익]에 보유기간별 공제율을 곱하여 계산한다.
3. 보유기간이 17년인 등기된 상가건물의 장기보유특별공제 보유기간별 공제율은 [㉠ 100분의 30, ㉡ 100분의 34]이다.
4. 소득세법령상 1세대 1주택자인 거주자 甲이 국내소재 등기된 주택(보유기간 및 거주기간 각각 5년)을 25억원에 양도한 경우 장기보유특별공제율은 [㉠ 40%, ㉡ 20%, ㉢ 10%]이다.

5. 양도소득금액을 계산할 때 부동산을 취득할 수 있는 권리에서 발생한 양도차손은 토지에서 발생한 양도소득금액에서 공제할 수 [㉠ 없다, ㉡ 있다].
6. 부동산에 관한 권리의 양도로 발생한 양도차손은 토지의 양도에서 발생한 양도소득금액에서 공제할 수 [㉠ 없다, ㉡ 있다].
7. 토지의 양도로 발생한 양도차손은 동일한 과세기간에 전세권의 양도로 발생한 양도소득금액에서 공제할 수 [㉠ 없다, ㉡ 있다].

9. 양도소득세 세율

1. **토지 또는 건물 · 부동산에 관한 권리 및 기타자산**: 6 ~ 45%(분양권의 경우에는 양도소득 과세표준의 100분의 60)
2. **토지 또는 건물 및 부동산에 관한 권리로서 그 보유기간이 1년 이상 2년 미만**: 양도소득 과세표준의 100분의 40(주택, 조합원입주권 및 분양권의 경우에는 100분의 60)
3. **토지 또는 건물 및 부동산에 관한 권리로서 그 보유기간이 1년 미만**: 양도소득 과세표준의 100분의 50(주택, 조합원입주권 및 분양권의 경우에는 100분의 70)
4. **비사업용 토지**: [기본세율 + 10%p] → [16 ~ 55%]
5. **미등기양도자산**: 양도소득 과세표준의 100분의 70
6. **주식 등**
7. **해외주식**
8. **파생상품**
9. **신탁 수익권**
10. ~~**[1세대 2주택 + 조정대상지역 주택 양도]**: [기본세율 + 20%p] → [26 ~ 65%]~~
11. ~~**[1세대 3주택 이상 + 조정대상지역 주택 양도]**: [기본세율 + 30%p] → [36 ~ 75%]~~

세율 적용시 주의사항

(1) **하나의 자산이 둘 이상에 해당**: 산출세액 중 큰 것

(2) **세율 적용시 보유기간 계산**(취득일)

① **상속받은 자산을 양도하는 경우**: 피상속인이 그 자산을 취득한 날

② **이월과세**: 증여자가 그 자산을 취득한 날

▌지피지기

1. 보유기간이 2년 6개월인 「소득세법」에 따른 분양권을 양도한 경우 양도소득 과세표준에 적용되는 세율은 [㉠ 100분의 40, ㉡ 100분의 50, ㉢ 100분의 60, ㉣ 100분의 70, ㉤ 6~45%]이다.
2. 보유기간이 10개월인 「소득세법」에 따른 분양권을 양도한 경우 양도소득 과세표준에 적용되는 세율은 [㉠ 100분의 40, ㉡ 100분의 50, ㉢ 100분의 60, ㉣ 100분의 70, ㉤ 6~45%]이다.

3. 보유기간이 1년 미만인 조합원입주권을 양도한 경우 양도소득 과세표준에 적용되는 세율은 [㉠ 100분의 40, ㉡ 100분의 50, ㉢ 100분의 60, ㉣ 100분의 70, ㉤ 6~45%]이다.
4. 보유기간이 1년 10개월인 「소득세법」에 따른 조합원입주권을 양도한 경우 양도소득 과세표준에 적용되는 세율은 [㉠ 100분의 40, ㉡ 100분의 50, ㉢ 100분의 60, ㉣ 100분의 70, ㉤ 6~45%]이다.

5. 6개월 보유한 등기된 1주택을 양도한 경우 양도소득 과세표준에 적용되는 세율은 [㉠ 100분의 40, ㉡ 100분의 50, ㉢ 100분의 60, ㉣ 100분의 70, ㉤ 6~45%]이다.
6. 1년 6개월 보유한 등기된 1주택에 대한 양도소득 과세표준의 세율은 [㉠ 100분의 40, ㉡ 100분의 50, ㉢ 100분의 60, ㉣ 100분의 70, ㉤ 6~45%]이다.

7. 보유기간이 6개월인 등기된 상가건물을 양도한 경우 양도소득 과세표준에 적용되는 세율은 [㉠ 100분의 40, ㉡ 100분의 50, ㉢ 100분의 60, ㉣ 100분의 70, ㉤ 6~45%]이다.
8. 보유기간이 1년 이상 2년 미만인 등기된 상업용 건물을 양도한 경우 양도소득 과세표준에 적용되는 세율은 [㉠ 100분의 40, ㉡ 100분의 50, ㉢ 100분의 60, ㉣ 100분의 70, ㉤ 6~45%]이다.
9. 2년 1개월 보유한 등기된 상가건물에 대한 양도소득 과세표준의 세율은 [㉠ 100분의 40, ㉡ 100분의 50, ㉢ 100분의 60, ㉣ 100분의 70, ㉤ 6~45%]이다.

10. 미등기양도

1. **미등기양도자산**: 토지 · 건물 및 부동산에 관한 권리를 취득한 자가 그 자산 취득에 관한 등기를 하지 않고 양도하는 것

2. **미등기양도자산에 대한 규제**
   ① 비과세와 감면: 배제
   ② 필요경비개산공제: 0.3%
   ③ 장기보유특별공제와 양도소득기본공제: 배제(양도차익=양도소득금액=과세표준)
   ④ 세율: 70%

3. **미등기양도자산 제외**
   ① 장기할부조건
   ② 법률의 규정 또는 법원의 결정에 따라 등기가 불가능한 자산
   ③ 비과세요건을 충족한 교환 · 분합하는 농지, 감면요건을 충족한 자경농지 및 대토하는 농지
   ④ 비과세요건을 충족한 1세대 1주택으로서 건축허가를 받지 않은 경우
   ⑤ 「도시개발법」에 따른 도시개발사업이 종료되지 아니하여 양도하는 토지
   ⑥ 건설사업자가 「도시개발법」에 따라 공사용역 대가로 취득한 체비지를 토지구획환지처분공고 전에 양도하는 토지

지피지기

1. 미등기양도자산의 양도소득금액 계산시 [㉠ 장기보유특별공제, ㉡ 양도소득기본공제]를 적용할 수 없다.
2. 미등기양도자산의 양도소득세율은 양도소득 [㉠ 과세표준, ㉡ 산출세액]의 100분의 70이다.

3. 법원의 결정에 의하여 양도당시 그 자산의 취득에 관한 등기가 불가능한 자산은 「소득세법」상 [㉠ 미등기양도자산, ㉡ 미등기양도제외자산]이다.
4. 「도시개발법」에 따른 도시개발사업이 종료되지 아니하여 토지 취득등기를 하지 아니하고 양도하는 토지는 미등기양도자산에 [㉠ 해당하지 않는다, ㉡ 해당한다].
5. 건설사업자가 「도시개발법」에 따라 공사용역 대가로 취득한 체비지를 토지구획환지처분공고 전에 양도하는 토지는 미등기양도자산에 [㉠ 해당하지 않는다, ㉡ 해당한다].

11. 양도소득세의 예정신고와 납부

1. 예정신고 · 납부기한

① 토지 · 건물, 부동산에 관한 권리, 기타자산, 신탁 수익권: 양도일이 속하는 달의 말일부터 2개월 이내(2/4 토지 양도: 4/30)
② 주식 등: 양도일이 속하는 반기(半期)의 말일부터 2개월 이내(2/4 주식 양도: 8/31)
③ 부담부증여: 양도일이 속하는 달의 말일부터 3개월 이내(2/4 부담부증여: 5/31)

2. 양도차익이 없거나 양도차손이 발생한 경우에도 적용한다(의무).

3. 예정신고 · 납부세액공제: 폐지

4. 예정신고 · 납부 × → 가산세 ○

① 무신고가산세: 20%(일반), 40%(부당)
② 과소신고가산세: 10%(일반), 40%(부당)
③ 납부지연가산세: ㉠ + ㉡
㉠ 미납세액×(납부기한의 다음 날 ~ 납부일)×1일 10만분의 22
㉡ 납부고지 후 미납세액×100분의 3

12. 양도소득세의 확정신고와 납부

1. 확정신고 · 납부기한

① 그 과세기간의 다음 연도 5월 1일부터 5월 31일까지
② 해당 과세기간의 과세표준이 없거나 결손금액이 있는 경우에도 적용한다(의무).
③ 예정신고를 한 자는 ①에도 불구하고 해당 소득에 대한 확정신고를 하지 아니할 수 있다. 다만, 당해 연도에 누진세율의 적용대상 자산에 대한 예정신고를 2회 이상 한 자가 이미 신고한 양도소득금액과 합산하여 신고하지 아니한 경우에는 그러하지 아니하다.

2. 확정신고 · 납부 × → 가산세 ○

① 무신고가산세: 20%(일반), 40%(부당)
② 과소신고가산세: 10%(일반), 40%(부당)
③ 납부지연가산세: ㉠ + ㉡
㉠ 미납세액×(납부기한의 다음 날 ~ 납부일)×1일 10만분의 22
㉡ 납부고지 후 미납세액×100분의 3
④ 예정신고와 관련하여 가산세가 부과되는 부분에 대해서는 확정신고와 관련하여 무신고가산세를 적용하지 아니한다(중복 ×).

3. 감정가액 또는 환산취득가액 적용에 따른 가산세

① 건물을 신축 또는 증축하고 5년 이내에 양도하는 경우
② 감정가액 또는 환산취득가액을 그 취득가액으로 하는 경우
③ 감정가액 또는 환산취득가액의 100분의 5

13. 양도소득세의 분할납부와 부가세

1. 분할납부

① 예정신고납부 · 확정신고납부할 세액이 각각 1천만원 초과

② 납부기한이 지난 후 2개월 이내

③ 분납할 수 있는 세액(나중에 낼 수 있는 금액)

㉠ 납부할 세액이 2천만원 이하인 때: 1천만원을 초과하는 금액

㉡ 납부할 세액이 2천만원을 초과하는 때: 그 세액의 100분의 50 이하의 금액

사례 2/4일 토지를 양도한 경우

납부할 세액	예정신고납부기한(4/30)	분할납부(6/30)
㉠ 15,000,000원	10,000,000원 ↑	5,000,000원 ↓
㉡ 30,000,000원	15,000,000원 ↑	15,000,000원 ↓

2. 물납: 폐지(2015.12.15.)

3. 양도소득세의 부가세: 농어촌특별세(감면세액의 20%)

지피지기

1. 토지 또는 건물을 양도한 경우에는 그 양도일이 속하는 [㉠ 달의, ㉡ 분기의] 말일부터 2개월 이내에 양도소득 과세표준을 예정신고해야 한다.
2. 2025년 9월 8일에 주택을 양도하고 잔금을 청산한 경우 [㉠ 2025년 11월 8일, ㉡ 2025년 11월 30일]까지 양도소득 과세표준을 예정신고해야 한다.

3. 법령에 따른 부담부증여의 채무액에 해당하는 부분으로서 양도로 보는 경우 그 양도일이 속하는 달의 말일부터 [㉠ 2개월, ㉡ 3개월] 이내에 양도소득 과세표준을 납세지 관할 세무서장에게 신고하여야 한다.

4. [㉠ 양도차익이 없거나, ㉡ 양도차손]이 발생한 경우에도 양도소득 과세표준의 예정신고를 하여야 한다.

5. 예정신고를 한 자는 해당 소득에 대한 확정신고를 [㉠ 하지 아니할 수 있다, ㉡ 하여야 한다].

6. 당해연도에 누진세율의 적용대상 자산에 대한 예정신고를 2회 이상 한 자가 법령에 따라 이미 신고한 양도소득금액과 합산하여 신고하지 아니한 경우에는 양도소득 과세표준의 확정신고를 [㉠ 하여야 한다, ㉡ 해야 한다].

7. 건물을 신축하고 그 신축한 건물의 취득일부터 5년 이내에 해당 건물을 양도하는 경우로서 취득 당시의 실지거래가액을 확인할 수 없어 환산가액을 그 취득가액으로 하는 경우에는 양도소득세 [㉠ 산출세액, ㉡ 환산취득가액]의 100분의 5에 해당하는 금액을 양도소득 결정세액에 더한다.
8. 건물을 신축하고 그 취득일부터 3년 이내에 양도하는 경우로서 감정가액을 취득가액으로 하는 경우에는 그 감정가액의 [㉠ 100분의 3, ㉡ 100분의 5]에 해당하는 금액을 양도소득 결정세액에 가산한다.

9. 예정신고・납부시 납부할 세액이 2천만원인 경우 분납할 수 [㉠ 없다, ㉡ 있다].
10. 예정신고납부할 세액이 1천 5백만원인 자는 [㉠ 1천만원을 초과하는 금액, ㉡ 그 세액의 100분의 50 이하의 금액]을 납부기한이 지난 후 2개월 이내에 분할납부할 수 있다.
11. 예정신고납부할 세액이 2천만원을 초과하는 때에는 [㉠ 1천만원을 초과하는 금액, ㉡ 그 세액의 100분의 50 이하의 금액]을 납부기한이 지난 후 2개월 이내에 분할납부할 수 있다.

14. 국외자산양도에 대한 양도소득세

1. **납세의무자: 5년 이상**
2. **국외자산 양도소득의 범위**(과세대상자산): 등기 여부와 관계없이 과세
   cf 환율변동으로 인한 환차익을 제외
3. **양도가액 · 취득가액의 산정**: 실지거래가액
4. **필요경비개산공제**: 적용 배제
5. **장기보유특별공제**: 적용 배제
6. **양도소득기본공제**: 적용(소득별, 연 250만원)
7. **양도차익의 외화환산**: 기준환율(USD: ₩) 또는 재정환율(USD 이외: ₩)
8. **국외자산 양도소득세의 세율:** 기본세율(6~45%)
   cf **국내자산과 비교**: 미등기양도세율, 보유기간 관계없음
9. **외국납부세액의 공제**(둘 중 선택 가능)
   ① 산출세액에서 공제하는 방법(외국납부세액공제방법)
   ② 필요경비에 산입하는 방법
10. **분할납부 ○, 물납** ×

❙ 지피지기

1. 국외자산 양도시 양도소득세의 납세의무자는 국외자산의 양도일까지 계속하여 [㉠ 3년간, ㉡ 5년간] 국내에 주소를 둔 거주자이다.

2. 국외자산 양도로 발생하는 소득이 환율변동으로 인하여 외화차입금으로부터 발생하는 환차익을 포함하고 있는 경우에는 해당 환차익을 양도소득의 범위에서 [㉠ 제외, ㉡ 포함]한다.

3. 국외에 있는 부동산에 관한 권리로서 미등기 양도자산의 양도로 발생하는 소득은 양도소득의 범위에 [㉠ 포함된다, ㉡ 포함하지 아니한다].

4. 국외 양도자산이 부동산임차권인 경우 등기여부와 관계없이 양도소득세가 [㉠ 과세된다, ㉡ 과세되지 아니한다].

5. 국외자산의 양도가액은 [㉠ 실지거래가액, ㉡ 양도당시 현황을 반영한 시가, ㉢ 외국정부의 평가가액]으로 하는 것이 원칙이다.

6. 국외토지의 양도에 대한 양도소득세를 계산하는 경우에는 [㉠ 장기보유 특별공제액, ㉡ 양도소득기본공제액]은 공제하지 아니한다.

7. 해당 과세기간에 다른 자산의 양도가 없을 경우 국외토지의 양도에 대한 양도소득이 있는 거주자에 대해서는 해당 과세기간의 양도소득금액에서 연 250만원을 [㉠ 공제한다, ㉡ 공제하지 아니한다].

15. 비과세 양도소득

1. **파산**선고에 의한 처분으로 발생하는 소득

2. **농지의 교환** 또는 분합으로 인하여 발생하는 소득: ① + ② **동시충족**

   (1) **사유요건**(어느 하나에 해당하는 경우)

      ① **국가** 또는 지방자치단체가 시행하는 사업

      ② **국가** 또는 지방자치단체가 소유하는 토지와 교환

      ③ **경작상 필요**에 의하여 교환하는 농지. 다만, 교환에 의하여 새로이 취득하는 농지를 3년 이상 농지소재지에 거주하면서 경작하는 경우에 한한다.

      cf 새로운 농지의 취득 후 3년 이내에 수용되는 경우에는 3년 이상 농지소재지에 거주하면서 경작한 것으로 본다.

      ④ 「농어촌정비법」 등에 의하여 교환 또는 분합하는 농지

   (2) **금액요건**

   쌍방 토지가액의 차액이 가액이 큰 편의 4분의 1 이하인 경우

3. **1세대 1주택**(고가주택은 제외)과 이에 딸린 토지(주택부수토지)의 양도로 발생하는 소득

4. 조합원입주권을 1개 보유한 1세대가 법정 요건을 충족하여 양도하는 경우 해당 조합원입주권을 양도하여 발생하는 소득

5. 「지적재조사에 관한 특별법」 제18조에 따른 경계의 확정으로 지적공부상의 면적이 감소되어 같은 법 제20조에 따라 지급받는 조정금

비고: 8년 이상 자경한 농지의 양도, 농지의 대토로 인하여 발생하는 소득: 감면

16. 1세대 1주택의 양도소득에 대한 비과세

1. 1세대

(1) 원칙: 기주자 + 배우자

(2) 예외: 배우자가 없는 때에도 1세대로 본다.

2. 1주택

(1) 원칙: 양도일 현재 국내에 1주택을 보유

① 주택의 개념: 상시 주거용

② 부수토지: 3배, 5배, 10배

③ 용도구분: 사실상의 용도

④ 다가구주택(각각): 하나의 매매단위 → 전체를 하나의 주택

(2) 겸용주택: 면적

(3) 고가주택: 양도당시 실지거래가액의 합계액이 12억원을 초과

(4) 1세대 1주택의 특례(1세대 2주택)

① 원칙: 과세

② 예외: 1세대 1주택으로 본다.

㉠ 일시적인 2주택의 경우: 1년 이상 지난 후, 3년 이내 종전의 주택

㉡ 상속: 일반주택

㉢ 동거봉양: 합친 날부터 10년 이내 먼저 양도하는 주택

㉣ 혼인: 혼인한 날부터 10년 이내 먼저 양도하는 주택

㉤ 법률에 따른 지정문화유산, 국가등록문화유산 및 천연기념물 등 주택: 일반주택

㉥ 농어촌주택: 일반주택

㉦ 지방주택(수도권 밖에 소재하는 주택): 3년 이내 일반주택

3. 2년 이상 보유

(1) 원칙: 양도일 현재 해당 주택의 보유기간이 2년 이상

cf 2017.08.03. 이후 취득 당시 조정대상지역: 거주기간 2년 이상

(2) 예외: 보유기간 및 거주기간의 제한을 받지 아니하는 경우

① 5년 이상 거주: 임대주택

② 거주기간에 제한 ×

㉠ 수용

㉡ 이민: 출국일부터 2년 이내 양도

㉢ 유학, 주재원 파견: 출국일부터 2년 이내 양도

③ 1년 이상 거주: 취학(고등학교 이상), 근무상의 형편, 질병의 치료 또는 요양, 학교 폭력으로 인한 전학

▎지피지기

1. 국가가 소유하는 토지와 분합하는 농지로서 분합하는 쌍방 토지가액의 차액이 가액이 큰 편의 [㉠ 4분의 1, ㉡ 3분의 1] [㉢ 초과, ㉣ 이하]인 경우 분합으로 발생하는 소득은 양도소득세가 비과세된다.

2. 「소득세법」상 거주자의 국내 소재 1세대 1주택인 "고가주택"이란 양도당시 [㉠ 기준시가, ㉡ 실지거래가액의 합계액]이 12억원을 초과하는 주택을 말한다.
3. 법령에 따른 1세대 1주택 비과세에 해당하는 고가주택에 해당하는 자산의 양도차익은 소득세법 제95조 제1항에 따른 양도차익에 "양도가액에서 12억원을 차감한 금액이 [㉠ 양도가액, ㉡ 양도차익]에서 차지하는 비율"을 곱하여 산출한다.
4. 1세대 1주택 비과세 요건을 충족하는 고가주택의 양도가액이 15억원이고 양도차익이 5억원인 경우 양도소득세가 과세되는 양도차익은 [㉠ 3억원, ㉡ 1억원]이다.

5. 소득세법령상 1세대 1주택자인 거주자 甲이 2025년 양도한 국내소재 A주택(조정대상지역이 아니며 등기됨)에 대한 양도소득과세표준은 [㉠ 153,500,000원, ㉡ 297,500,000원]이다(단, 2025년에 A주택 외 양도한 자산은 없으며, 법령에 따른 적격증명서류를 수취・보관하고 있고 주어진 조건 이외에는 고려하지 않음).

구 분	기준시가	실지거래가액
양도시	18억원	25억원
취득시	13억5천만원	19억5천만원
추가사항	• 양도비 및 자본적지출액: 5천만원 • 보유기간 및 거주기간: 각각 5년 • 장기보유특별공제율: 보유기간별 공제율과 거주기간별 공제율은 각각 20%	

6. 1주택을 보유하는 자가 1주택을 보유하는 자와 혼인함으로써 1세대가 2주택을 보유하게 되는 경우 혼인한 날부터 [㉠ 10년, ㉡ 5년] 이내에 먼저 양도하는 주택은 이를 1세대 1주택으로 보아 소득세법 시행령 제154조 제1항을 적용한다.

7. 직장의 변경으로 세대전원이 다른 시로 주거를 이전하는 경우 6개월간 거주한 1주택을 양도하면 [㉠ 비과세, ㉡ 과세]된다.
8. 사업상의 형편으로 인하여 세대전원이 다른 시・군으로 주거를 이전하게 되어 6개월 거주한 주택을 양도하는 경우 보유기간 및 거주기간의 제한을 받지 아니하고 양도소득세가 [㉠ 비과세, ㉡ 과세]된다.

17. 이월과세(양도소득의 필요경비 계산 특례)

(= 배우자 · 직계존비속간 증여재산에 대한 이월과세)

(토지, 건물, 부동산을 취득할 수 있는 권리, 특정시설물이용권 · 회원권)

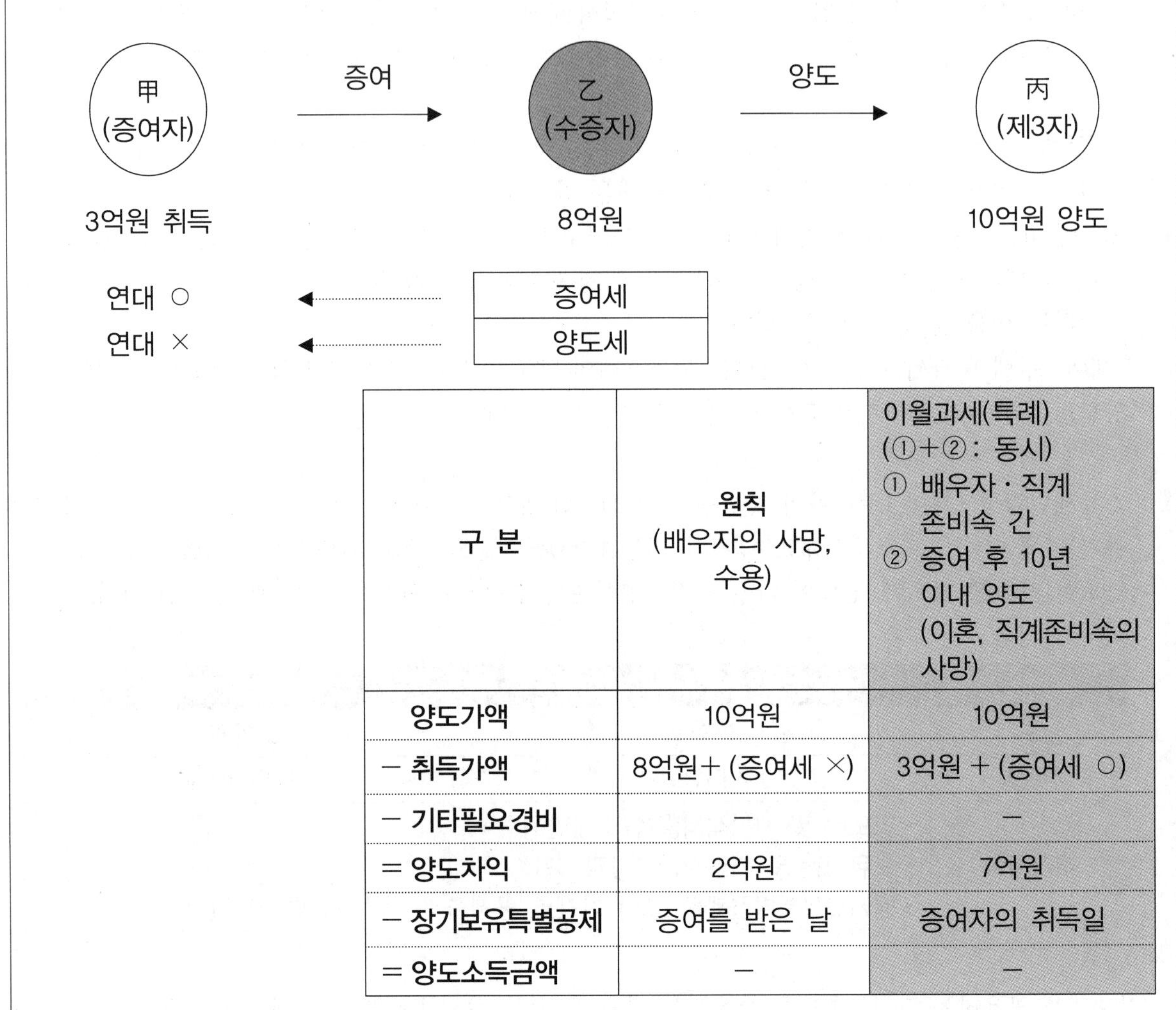

구 분	원칙 (배우자의 사망, 수용)	이월과세(특례) (①+②: 동시) ① 배우자 · 직계존비속 간 ② 증여 후 10년 이내 양도 (이혼, 직계존비속의 사망)
양도가액	10억원	10억원
− **취득가액**	8억원+(증여세 ×)	3억원 + (증여세 ○)
− **기타필요경비**	−	−
= **양도차익**	2억원	7억원
− **장기보유특별공제**	증여를 받은 날	증여자의 취득일
= **양도소득금액**	−	−

용어 이월과세의 적용배제 ⇨ 원칙

1. 사업인정고시일부터 소급하여 2년 이전에 배우자 · 직계존비속으로부터 증여받은 경우로서 법률에 따라 협의매수 또는 수용된 경우
2. 이월과세를 적용할 경우 1세대 1주택의 양도소득에 대한 비과세대상 주택의 양도에 해당하게 되는 경우
3. 이월과세를 적용하여 계산한 양도소득결정세액이 이월과세를 적용하지 않고 계산한 양도소득결정세액보다 적은 경우

지피지기

1. 이월과세를 적용하는 경우 거주자가 배우자로부터 증여받은 자산에 대하여 납부한 증여세를 필요경비에 [㉠ 산입하지 아니한다, ㉡ 산입한다].

2. 「소득세법」 제97조의2 제1항에 따라 이월과세를 적용받는 경우 장기보유특별공제의 보유기간은 [㉠ 증여자가 그 자산을 취득한 날, ㉡ 증여자가 그 자산을 증여한 날, ㉢ 수증자가 그 자산을 취득한 날]부터 기산한다.

3. 이월과세를 적용하는 경우 장기보유 특별공제액 계산 및 세율 적용시 보유기간은 [㉠ 증여자, ㉡ 수증자]의 취득일부터 양도일까지의 기간으로 한다.

4. 이월과세를 적용하는 경우 양도차익 계산시 양도가액에서 공제할 취득가액은 [㉠ 증여자의 취득가액, ㉡ 증여당시의 가액]이다.

5. 이월과세를 적용하여 계산한 양도소득결정세액이 이월과세를 적용하지 않고 계산한 양도소득결정세액보다 적은 경우에 이월과세를 [㉠ 적용한다, ㉡ 적용하지 아니한다].

18. 저가양도 · 고가양수

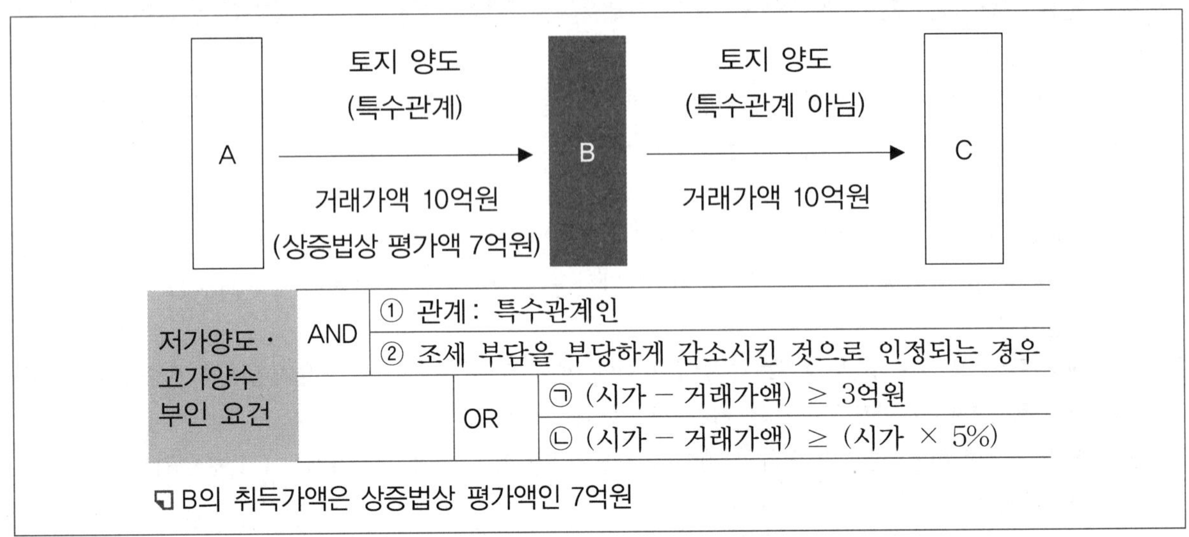

저가양도 · 고가양수 부인 요건	AND		① 관계 : 특수관계인
			② 조세 부담을 부당하게 감소시킨 것으로 인정되는 경우
		OR	㉠ (시가 − 거래가액) ≥ 3억원
			㉡ (시가 − 거래가액) ≥ (시가 × 5%)

❑ B의 취득가액은 상증법상 평가액인 7억원

19. 증여 후 양도행위의 부인(우회양도 부인)

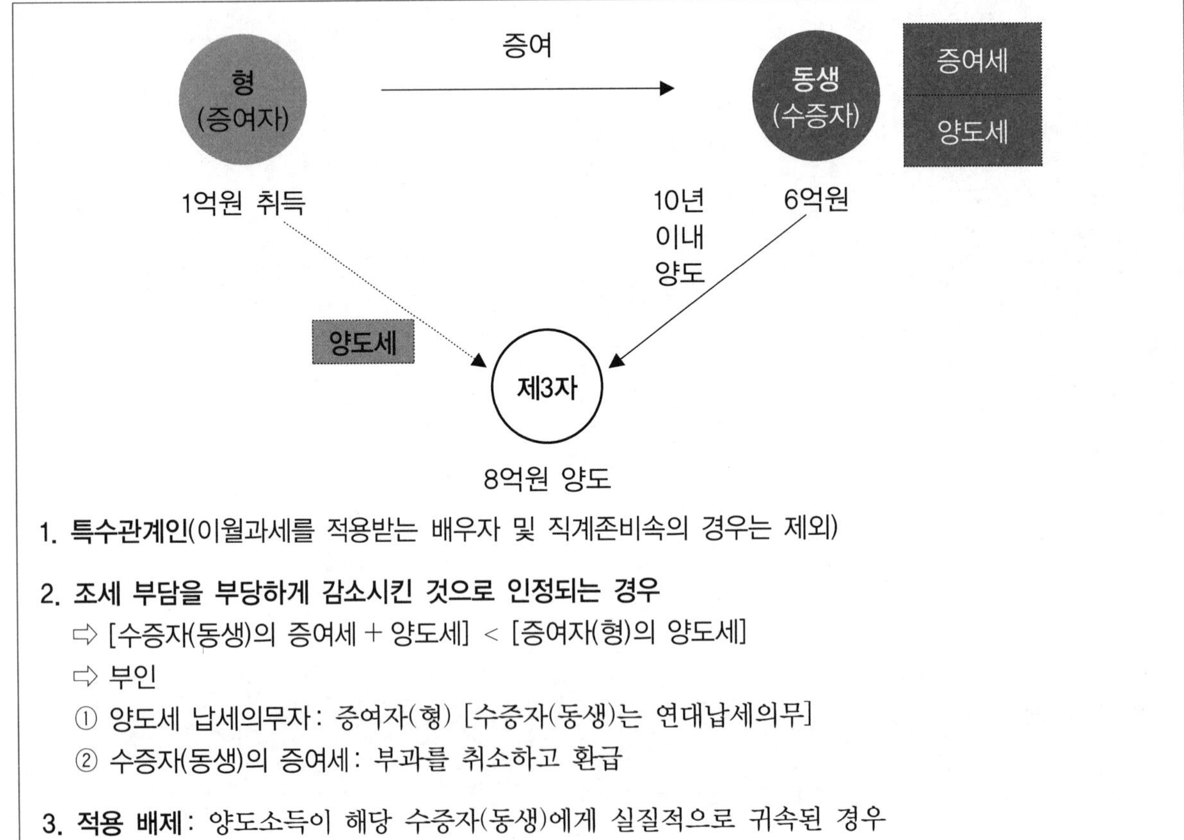

1. **특수관계인**(이월과세를 적용받는 배우자 및 직계존비속의 경우는 제외)
2. **조세 부담을 부당하게 감소시킨 것으로 인정되는 경우**
   ⇨ [수증자(동생)의 증여세 + 양도세] < [증여자(형)의 양도세]
   ⇨ 부인
   ① 양도세 납세의무자 : 증여자(형) [수증자(동생)는 연대납세의무]
   ② 수증자(동생)의 증여세 : 부과를 취소하고 환급
3. **적용 배제** : 양도소득이 해당 수증자(동생)에게 실질적으로 귀속된 경우

지피지기

1. 거주자가 특수관계인과의 거래(시가와 거래가액의 차액이 5억원임)에 있어서 토지를 시가에 미달하게 양도함으로써 조세의 부담을 부당히 감소시킨 것으로 인정되는 때에는 그 양도가액을 [㉠ 시가, ㉡ 거래가액]에 의하여 계산한다.
2. A법인과 특수관계에 있는 주주가 시가 3억원(「법인세법」 제52조에 따른 시가임)의 토지를 A법인에게 5억원에 양도한 경우 양도가액은 [㉠ 3억원, ㉡ 5억원]으로 본다. 단, A법인은 이 거래에 대하여 세법에 따른 처리를 적절하게 하였다.
3. 특수관계인에게 증여한 자산에 대해 증여자인 거주자에게 양도소득세가 과세되는 경우 수증자가 부담한 증여세 상당액은 [㉠ 양도가액에서 공제할 필요경비에 산입한다, ㉡ 부과를 취소하고 환급한다].
4. 특수관계인에게 증여한 자산에 대해 증여자인 거주자에게 양도소득세가 과세되는 경우 양도소득세 계산시 보유기간은 [㉠ 증여자가 그 자산을 취득한 날, ㉡ 증여자가 그 자산을 증여한 날]부터 수증자의 양도일까지의 기간으로 한다.

Chapter 04

취득세

1. 취득의 구분

취 득	사실상의 취득	원시취득	토지	공유수면매립 · 간척
			건축물	건축 (신축과 재축)
		승계취득	유상승계	매매, 교환, 현물출자
			무상승계	상속, 증여
	취득의제 (간주취득)	토지	지목변경	임야 ⇨ 대지
		건축물	건축(신축과 재축은 제외), 개수	
		과점주주의 취득	50% 초과, 설립 ×	① 최초(모두) ② 증가된 경우(증가분)

(1) 건 축

–		건축		–
원시취득	⇦	신축		취득의제
(신축, 재축)		증축	⇨	건축(신축, 재축 제외)
	⇦	재축		⇨ 증축, 개축, 이전
① 과표: 사실상 취득가격		개축	⇨	① 과표: 사실상 취득가격
② 세율: 2.8%		이전	⇨	② 세율: 2.8%

(2) 토지의 지목변경

구 분		→	
지 목	임 야	–	대 지
–	100,000,000원	–	300,000,000원
소요된 비용	–	50,000,000원	–
① 과세표준	–	변경으로 증가한 가액에 해당하는 사실상 취득가격 200,000,000원 (3억원 – 1억원)	–
② 세율: 2% (세율의 특례)	–	2% (중과기준세율)	–
③ 산출세액	–	4,000,000원	–

2. 과점주주(50% 초과 + 실질적 행사)

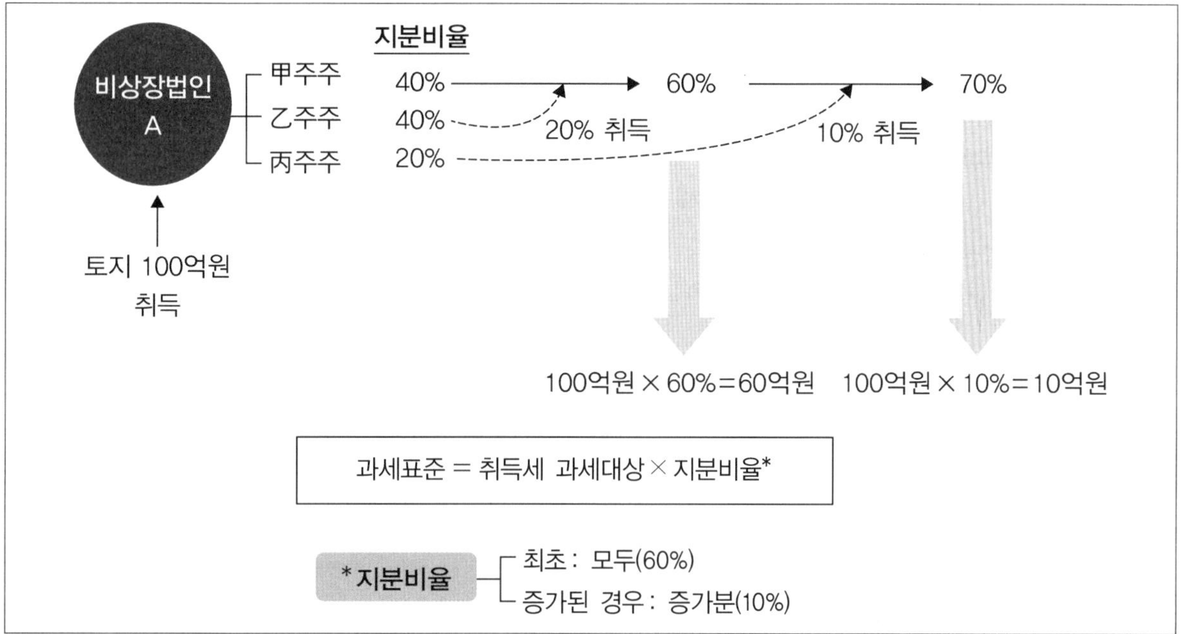

▌지피지기

1. 부동산의 취득은 「민법」 등 관계 법령에 따른 등기 · 등록 등을 하지 아니한 경우라도 사실상 취득하면 취득한 것으로 [㉠ 본다, ㉡ 보지 아니한다].

2. 토지의 지목을 사실상 변경함으로써 그 가액이 증가한 경우에는 취득으로 [㉠ 보지 아니한다, ㉡ 본다].

3. 법인설립시 발행하는 주식을 취득함으로써 지방세기본법에 따른 과점주주가 되었을 때에는 그 과점주주가 해당 법인의 부동산 등을 취득한 것으로 [㉠ 본다, ㉡ 보지 아니한다].
4. 과점주주가 아닌 주주가 다른 주주로부터 주식을 취득함으로써 최초로 과점주주가 된 경우 「지방세법」상 간주취득세가 [㉠ 과세된다, ㉡ 과세되지 아니한다].
5. 이미 과점주주가 된 주주가 해당 법인의 주식을 취득하여 해당 법인의 주식의 총액에 대한 과점주주가 가진 주식의 비율이 증가된 경우 「지방세법」상 간주취득세가 [㉠ 과세된다, ㉡ 과세되지 아니한다].

3. 취득세 과세대상

1. **토 지**

2. **건축물**: 사실상 용도에 따라 과세, 무허가 건축물도 과세

3. **차량, 기계장비, 선박, 항공기**
   cf 원시취득: 과세 제외, 승계취득: 과세

4. **광업권, 어업권, 양식업권**
   cf 출원에 의한 원시취득은 면제, 승계취득은 과세

5. **입 목**

6. **골프 회원권, 승마 회원권, 콘도미니엄 회원권, 종합체육시설 이용 회원권, 요트 회원권**

4. 취득세 납세의무자

1. **원칙: 사실상의 취득자**

2. **예 외**
   (1) **주체구조부 취득자**: 건축물 중 조작설비~주체구조부 취득자 외의 자가 가설한 경우에도
   (2) **변경시점의 소유자**: 토지의 지목을 사실상 변경하는 경우
   (3) 상속인
   (4) **조합원**: 주택조합 등이 해당 조합원용으로 취득
   (5) **과점주주**(50% 초과 + 실질적 행사)
      ① 최초 → 모두
      ② 증가된 경우 → 증가분
      ③ **설립시 과점주주**: 취득으로 보지 아니한다.

지피지기

1. 건축물 중 조작설비로서 그 주체구조부와 하나가 되어 건축물로서의 효용가치를 이루고 있는 것에 대하여는 주체구조부 취득자 외의 자가 가설한 경우에도 [㉠ 주체구조부의 취득자, ㉡ 주체구조부 취득자 외의 자]가 함께 취득한 것으로 본다.

2. 경매를 통하여 배우자의 부동산을 취득하는 경우에는 [㉠ 유상, ㉡ 무상]으로 취득한 것으로 본다.
3. 직계비속이 공매를 통하여 직계존속의 부동산을 취득하는 경우 [㉠ 유상, ㉡ 무상]으로 취득한 것으로 본다.
4. 직계비속이 직계존속의 부동산을 매매로 취득하는 때에 해당 직계비속의 다른 재산으로 그 대가를 지급한 사실이 입증되는 경우 [㉠ 유상, ㉡ 무상]으로 취득한 것으로 본다.
5. 권리의 이전이나 행사에 등기 또는 등록이 필요한 부동산을 직계존속과 서로 교환한 경우에는 [㉠ 무상, ㉡ 유상]으로 취득한 것으로 본다.

5. 취득세 취득시기

1. 무상취득

⑴ 상속: 상속개시일

⑵ 증여: 계약일 cf 양도세: 증여를 받은 날

cf 등기·등록하지 않고 계약이 해제된 사실이 입증: 취득한 것으로 보지 않는다.

2. 유상승계취득

⑴ 사실상의 잔금지급일

⑵ 사실상의 잔금지급일을 확인할 수 없는 경우: 계약상의 잔금지급일

cf 등기·등록하지 않고 계약이 해제된 사실이 입증: 취득한 것으로 보지 않는다.

⑶ 예외: 등기·등록일(계약상 및 사실상 잔금지급일 전에 등기·등록한 경우)

3. **연부취득**: 사실상의 연부금 지급일

4. **건축물을 건축**(신축): 사용승인서를 내주는 날과 사실상의 사용일 중 빠른 날

5. **주택조합**(사용검사를 받은 날), **재건축조합**(소유권이전고시일의 다음 날)

6. 매립·간척으로 인한 원시취득

⑴ 공사준공인가일

⑵ 다만, 공사준공인가일 전에 사용승낙·허가를 받거나 사실상 사용하는 경우에는 사용승낙일·허가일 또는 사실상 사용일 중 빠른 날

7. 토지의 지목변경

⑴ 원칙: 사실상 변경된 날과 공부상 변경된 날 중 빠른 날

⑵ 예외: 토지의 지목변경일 이전에 사용하는 부분에 대해서는 그 사실상의 사용일

8. **이혼**(재산분할): 등기·등록일

지피지기

1. 상속으로 인한 취득의 경우에는 [㉠ 상속개시일, ㉡ 소유권이전등기일]이 취득세 납세의무의 성립시기이다.

2. 증여로 인한 승계취득의 경우 해당 취득물건을 등기·등록하더라도 취득일부터 취득일이 속하는 달의 말일부터 3개월 이내에 공증받은 공정증서에 의하여 계약이 해제된 사실이 입증되는 경우에는 [㉠ 취득한 것으로 본다, ㉡ 취득한 것으로 보지 아니한다].

3. 부동산의 증여계약으로 인한 취득에 있어서 소유권이전등기를 하지 않고 계약일부터 계약일이 속하는 달의 말일부터 3개월 이내에 공증받은 공정증서로 계약이 해제된 사실이 입증되는 경우에는 [㉠ 취득한 것으로 본다, ㉡ 취득한 것으로 보지 않는다].

4. 무상승계취득한 과세물건을 취득일에 등기·등록한 후 화해조서·인낙조서에 의하여 취득일부터 취득일이 속하는 달의 말일부터 3개월 이내에 계약이 해제된 사실을 입증하는 경우에는 [㉠ 취득한 것으로 본다, ㉡ 취득한 것으로 보지 아니한다].

5. 유상승계취득의 경우 사실상의 잔금지급일을 확인할 수 있는 때에는 [㉠ 사실상의 잔금지급일, ㉡ 사실상의 잔금지급일과 등기일 중 빠른 날]이 취득세 납세의무의 성립시기이다.

6. 「도시 및 주거환경정비법」에 따른 재건축조합이 재건축사업을 하면서 조합원으로부터 취득하는 토지 중 조합원에게 귀속되지 아니하는 토지를 취득하는 경우에는 같은 법에 따른 [㉠ 소유권이전 고시일, ㉡ 준공인가 고시일의 다음 날, ㉢ 소유권이전 고시일의 다음 날]이 취득세 납세의무의 성립시기이다.

7. 관계법령에 따라 매립·간척 등으로 토지를 원시취득하는 경우 [㉠ 공사준공인가일, ㉡ 취득물건의 등기일]이 「지방세법」상 취득의 시기이다.

8. 토지의 지목변경에 따른 취득은 [㉠ 토지의 지목이 사실상 변경된 날, ㉡ 토지의 지목이 사실상 변경된 날과 공부상 변경된 날 중 빠른 날]을 취득일로 본다. 다만, 토지의 지목변경일 이전에 사용하는 부분에 대해서는 그 사실상의 사용일을 취득일로 본다.

9. 「민법」에 따른 이혼시 재산분할로 인한 부동산 취득의 경우에는 [㉠ 취득물건의 등기일, ㉡ 배우자의 취득일]이 납세의무의 성립시기이다.

6. 취득세 과세표준

1. **과세표준의 기준**: 취득 당시의 가액. 연부취득(연부금액)
2. **무상취득**
   (1) 증여: 시가인정액(매매사례가액, 감정가액, 공매가액 등)
   (2) 상속: 시가표준액
3. **유상승계취득**: 사실상의 취득가격
4. **원시취득**: 사실상 취득가격
5. **토지의 지목변경**(임야 → 대지): 변경으로 증가한 가액에 해당하는 사실상 취득가격

7. 사실상 취득가격의 범위 등

1. **사실상의 취득가격**: (직접비용 + 간접비용)
2. **취득대금을 일시급 등으로 지급하여 일정액을 할인받은 경우**: 할인된 금액
3. **취득가격에 포함** ○
   (1) 건설자금에 충당한 차입금의 이자(건설자금이자)
      ① 개인 × ② 법인 ○
   (2) 할부 또는 연부계약에 따른 이자 상당액
      ① 개인 × ② 법인 ○
   (3) 농지보전부담금, 미술작품의 설치 또는 문화예술진흥기금에 출연하는 금액, 대체산림자원조성비 등 관계법령에 따라 의무적 부담
   (4) 취득에 필요한 용역을 제공받은 대가로 지급하는 용역비·수수료
   (5) 취득대금 외에 당사자의 약정에 따른 취득자 조건 부담액과 채무인수액
   (6) 매각차손
   (7) 「공인중개사법」에 따른 공인중개사에게 지급한 중개보수
      ① 개인 × ② 법인 ○
   (8) 붙박이 가구·가전제품 등 건축물의 효용을 유지 또는 증대시키기 위한 설비·시설 등의 설치비용
   (9) 정원 또는 부속시설물 등을 조성·설치하는 비용
4. **취득가격에 포함** ×
   (1) 판매를 위한 광고선전비 등의 판매비용
   (2) 「전기사업법」 등 법률에 따라 이용하는 자가 분담하는 비용
   (3) 취득물건과는 별개의 권리에 관한 보상 성격으로 지급되는 비용
   (4) 부가가치세

지피지기

1. 취득대금 외에 당사자의 약정에 따른 취득자 조건 부담액과 채무인수액은 사실상 취득가격에 [㉠ 포함한다, ㉡ 포함하지 아니한다].

8. 취득세 표준세율

<table>
<tr><th>부동산 취득</th><th colspan="4">표준세율</th></tr>
<tr><td rowspan="2">① 상속으로 인한 취득</td><td colspan="2">농지</td><td colspan="2">1천분의 23(2.3%)</td></tr>
<tr><td colspan="2">농지 외의 것</td><td colspan="2">1천분의 28(2.8%)</td></tr>
<tr><td rowspan="2">② 상속 외의 무상취득(증여)</td><td colspan="4">1천분의 35(3.5%)
(비영리사업자의 취득은 2.8%)</td></tr>
<tr><td colspan="4">(조정대상지역 내 + 3억원 이상 주택): 12%
◻ 단, 1세대 1주택자가 소유주택을 배우자·직계존비속에게 증여한 경우 3.5% 적용</td></tr>
<tr><td>③ 원시취득(신축, 재축)</td><td colspan="2">1천분의 28(2.8%)</td><td colspan="2">건축(신축, 재축 제외) 또는 개수로 인하여 건축물 면적이 증가할 때 그 증가된 부분 포함</td></tr>
<tr><td>④ 공유물의 분할(본인지분을 초과하는 부분의 경우는 제외)</td><td colspan="4">1천분의 23(2.3%)</td></tr>
<tr><td>⑤ 합유물 및 총유물의 분할로 인한 취득</td><td colspan="4">1천분의 23(2.3%)</td></tr>
<tr><td rowspan="2">⑥ 그 밖의 원인으로 인한 취득
(유상승계취득: 매매, 교환, 현물출자, 기타 유상취득)</td><td colspan="3">농지</td><td>1천분의 30(3%)</td></tr>
<tr><td colspan="3">농지 외의 것</td><td>1천분의 40(4%)</td></tr>
<tr><td rowspan="9">⑦ 유상거래를 원인으로 주택을 취득하는 경우</td><td rowspan="7">개인</td><td rowspan="3">1주택
(1~3%)</td><td>㉠ 6억원 이하</td><td>1%</td></tr>
<tr><td>㉡ 6억원 초과 9억원 이하</td><td>$\left(\text{취득당시가액} \times \frac{2}{\text{3억원}} - 3\right) \times \frac{1}{100}$</td></tr>
<tr><td>㉢ 9억원 초과</td><td>3%</td></tr>
<tr><td>–</td><td>조정*</td><td>비조정</td></tr>
<tr><td>2주택</td><td>8%</td><td>1~3%</td></tr>
<tr><td>3주택</td><td>12%</td><td>8%</td></tr>
<tr><td>4주택 이상</td><td>12%</td><td>12%</td></tr>
<tr><td colspan="3">법인</td><td>12%</td></tr>
<tr><td colspan="4">◻ 단, 일시적 2주택은 1주택 세율 적용(1~3%)
*조정: 조정대상지역, 非조정: 그 外 지역</td></tr>
</table>

9. 취득세 중과세율

1. 사치성 재산
[표준세율과 중과기준세율(2%)의 100분의 400을 합한 세율을 적용]
→ [표준세율 + 8%]
① 골프장 ② 고급주택 ③ 고급오락장 ④ 고급선박

2. 과밀억제권역 안: 서울특별시, 인근 수도권
[표준세율에 1천분의 20(중과기준세율)의 100분의 200을 합한 세율을 적용]
→ [표준세율 + 4%]
① 과밀억제권역에서 공장을 신설하거나 증설하기 위하여 사업용 과세물건을 취득하는 경우
② 과밀억제권역에서 법인의 본점 · 주사무소 사업용 부동산 취득

3. 대도시 안: 과밀억제권역(단, 산업단지 제외)
[표준세율의 100분의 300에서 중과기준세율(2%)의 100분의 200을 뺀 세율을 적용]
→ [(표준세율 × 3배) − 4%]
① 대도시에서 공장을 신설하거나 증설함에 따라 부동산을 취득하는 경우
② 대도시에서 법인의 설립 · 설치 · 전입에 따른 부동산 취득

10. 취득세 세율의 특례

1. [표준세율 − 2%]
① 환매등기
② 상속: 1가구 1주택, 감면대상 농지
③ 법인의 합병
④ 공유물 · 합유물의 분할(등기부등본상 본인지분을 초과하지 아니함)
⑤ 건축물의 이전(이전한 건축물의 가액이 종전 건축물의 가액을 초과하지 아니함)
⑥ 이혼(재산분할청구)

2. 2%(중과기준세율)
① **개수**(개수로 인하여 건축물 면적이 증가하지 아니함)
　cf 증가된 부분: 원시취득(2.8%)
② **토지의 지목변경**
③ **과점주주**의 취득
④ 존속기간이 1년을 초과하는 **임시건축물**의 취득

지피지기

1. 상속으로 인한 [㉠ 농지, ㉡ 건물] 취득시 취득세 표준세율은 1천분의 23이다.
2. 상속으로 건물(주택 아님)을 취득한 경우 취득세 표준세율은 [㉠ 1천분의 23, ㉡ 1천분의 28]이다.

3. [㉠ 법령으로 정한 비영리사업자, ㉡ 「사회복지사업법」에 따라 설립된 사회복지법인]의 상속 외의 무상취득시 취득세 표준세율은 1천분의 28이다.

4. 등기부등본상 본인 지분을 초과하지 않는 공유물의 분할로 인한 취득시 취득세 표준세율은 [㉠ 1천분의 17, ㉡ 1천분의 23, ㉢ 1천분의 28]이다.

5. 유상거래를 원인으로 농지를 취득한 경우 취득세 표준세율은 [㉠ 1천분의 30, ㉡ 1천분의 40]이다.
6. [㉠ 매매, ㉡ 법인의 합병](으)로 인한 농지 외의 토지 취득시 취득세 표준세율은 1천분의 40이다.

7. 환매등기를 병행하는 부동산의 매매로서 환매기간 내에 매도자가 환매한 경우의 그 매도자와 매수자의 취득에 대한 취득세는 [㉠ 표준세율에서 중과기준세율을 뺀 세율, ㉡ 중과기준세율]로 산출한 금액으로 한다.

11. 취득세 부과징수 1

1. **납세지**: 취득 물건 소재지 관할 특·광·도(부과·징수: 시장·군수·구청장 → 위임징수)

2. 부과·징수

(1) **원칙**: 신고 및 납부

① **취득한 날부터 60일 이내에 신고·납부**

② 상속: **상속개시일이 속하는 달의 말일부터 6개월(외국에 주소를 둔 상속인이 있는 경우에는 9개월) 이내에 신고·납부**

③ 무상취득(상속은 제외한다: 증여): 취득일(증여 계약일)이 속하는 달의 말일부터 3개월 이내에 신고·납부

④ 취득한 후 **중과세 세율 적용**대상이 되었을 경우: **60일 이내** 산출한 세액에서 이미 납부한 세액(가산세는 제외)을 공제하여 신고·납부

> 60일 이내 신고·납부
> ㉠ 일반 세율 → 중과세 세율
> [일반 토지 → 5년 이내 고급오락장 부속토지]
> ㉡ 비과세 → 부과대상
> [임시 건축물(모델하우스) → 1년 초과(2%)]
> ㉢ 과세면제 또는 경감 → 추징대상

⑤ 위의 신고·납부기한 이내에 재산권과 그 밖의 권리의 취득·이전에 관한 사항을 공부에 등기하거나 등록하려는 경우에는 **등기 또는 등록 신청서를 등기·등록관서에 접수하는 날까지** 취득세를 신고·납부하여야 한다.

(2) **예외**: 보통징수

(3) **통보 등**

국가 등이 취득세 과세물건을 매각하면 매각일부터 30일 이내 지방자치단체의 장에게 통보하거나 신고하여야 한다.

(4) **등기자료의 통보**

① 등기·등록관서의 장은 취득세가 납부되지 아니하였거나 납부부족액을 발견하였을 때에는 납세지를 관할하는 지방자치단체의 장에게 통보하여야 한다.

② 등기·등록관서의 장은 등기 또는 등록 후에 취득세가 납부되지 아니하였거나 납부부족액을 발견하였을 때에는 다음 달 10일까지 납세지를 관할하는 시장·군수·구청장에게 통보하여야 한다.

12. 취득세 부과징수 2

3. 부족세액의 추징 및 가산세

(1) 신고불성실가산세: 10%(일반과소), 20%(일반무신고), 40%(부정)

(2) 납부지연가산세: (①+②+③)

① 신고납부하는 지방세의 법정납부기한까지 납부하지 아니한 세액×일수×10만분의 22(0.022%), 연 8.03%(일할)

② 납세고지서에 따른 납부기한까지 납부하지 아니한 세액×3%(1회)

③ 납세고지서에 따른 납부기한이 지난 날부터 1개월이 지날 때마다×0.75%(월할)

(3) **장부** 등의 작성과 보존

① **법인**

② **10%**

4. 중가산세

(1) 신고를 하지 아니하고 **매각**하는 경우

(2) 중가산세 = 산출세액×**80%**

(3) 중가산세에서 제외되는 재산

① 등기 또는 등록이 필요하지 아니하는 과세물건

② 지목변경, 주식 등의 취득 등 취득으로 보는 과세물건

5. 기한 후 신고: 무신고

(1) 법정신고기한까지 과세표준신고서를 제출하지 아니한 자

(2) 결정하여 통지하기 전

(3) 가산세 감면: 빨리, 납부지연가산세 감면 ×

① 법정신고기한이 지난 후 1개월 이내: 무신고가산세×50%

② 1개월 초과 3개월 이내: 무신고가산세×30%

③ 3개월 초과 6개월 이내: 무신고가산세×20%

6. 면세점

① 취득가액 50만원 이하

② 1년 이내, 인접

7. 부가세: 농어촌특별세, 지방교육세

❙ 지피지기

1. 취득세의 징수는 [㉠ 보통징수, ㉡ 신고납부]의 방법으로 한다.

2. 상속으로 취득세 과세물건을 취득한 국내에 주소를 둔 자는 [㉠ 상속개시일로부터 6개월 이내, ㉡ 상속개시일부터 60일 이내, ㉢ 상속개시일이 속하는 달의 말일부터 6개월 이내]에 과세표준과 세액을 신고·납부하여야 한다.

3. 취득세 과세물건을 취득한 후에 그 과세물건이 중과세율의 적용대상이 되었을 때에는 취득한 날부터 60일 이내에 중과세율을 적용하여 산출한 세액에서 이미 납부한 세액[㉠ 가산세 포함, ㉡ 가산세 제외]을 공제한 금액을 세액으로 하여 신고·납부하여야 한다.
4. 취득세 과세물건을 취득한 후 중과세 대상이 되었을 때에는 [㉠ 표준세율, ㉡ 중과세율]을 적용하여 산출한 세액에서 이미 납부한 세액(가산세는 제외)을 공제한 금액을 세액으로 하여 신고·납부하여야 한다.

5. 신고·납부기한 이내에 재산권과 그 밖의 권리의 취득·이전에 관한 사항을 공부에 등기하거나 등록(등재 포함)하려는 경우에는 [㉠ 등기 또는 등록 신청서를 등기·등록관서에 접수하는 날까지, ㉡ 등기하기 전까지, ㉢ 등기한 후 30일까지] 취득세를 신고·납부하여야 한다.

6. 납세의무자가 취득세 과세물건을 사실상 취득한 후 취득세 신고를 하지 아니하고 매각하는 경우에는 산출세액에 [㉠ 100분의 50, ㉡ 100분의 80]을 가산한 금액을 세액으로 하여 보통징수의 방법으로 징수한다.
7. 지목변경으로 인한 취득세 납세의무자가 신고를 하지 아니하고 매각하는 경우 산출세액에 [㉠ 100분의 80, ㉡ 100분의 20]을 가산한 금액을 세액으로 하여 징수한다(단, 부정행위로 인한 무신고는 아님).
8. 납세의무자가 토지의 지목을 사실상 변경한 후 산출세액에 대한 신고를 하지 아니하고 그 토지를 매각하는 경우에는 산출세액에 [㉠ 100분의 80, ㉡ 100분의 20]을 가산한 금액을 세액으로 하여 징수한다.

9. 토지를 취득한 자가 그 취득한 날부터 [㉠ 1년, ㉡ 5년] 이내에 그에 인접한 토지를 취득한 경우 그 전후의 취득에 관한 토지의 취득을 1건의 토지 취득으로 보아 취득세에 대한 면세점을 적용한다.
10. 토지를 취득한 자가 취득한 날부터 1년 이내에 그에 인접한 토지를 취득한 경우 그 취득가액이 100만원일 때에는 취득세를 [㉠ 부과한다, ㉡ 부과하지 아니한다].

MEMO

13. 취득세 비과세

1. 국가 · 지방자치단체 등의 취득
① 모든 취득세 과세대상: 비과세
② 외국정부: 상호주의

2. 귀속 또는 기부채납: 부동산
① 귀속 등의 조건을 이행 ×: 과세
② 반대급부: 과세

3. 신탁: 「신탁법」에 따른 신탁으로서 신탁등기가 병행되는 것만 해당
① 주택조합등과 조합원 간의 부동산 취득: 과세
② 주택조합등의 비조합원용 부동산 취득: 과세

4. 환매권의 행사: 「징발재산정리에 관한 특별조치법」

5. 임시건축물의 취득: 모델하우스, 공사현장사무소
① 존속기간 1년 초과: 과세(2%) (60일 이내 신고 · 납부)
② **사치성재산**: 기간에 상관없이 과세

6. 공동주택의 개수
① 시가표준액이 9억원 이하인 공동주택
② 「건축법」에 따른 대수선은 제외(과세)

7. 상속개시 이전에 사용할 수 없는 차량

지피지기

1. 대한민국 정부기관의 취득에 대하여 과세하는 외국정부의 취득에 대해서는 취득세를 [㉠ 부과하지 아니한다, ㉡ 부과한다].

2. 지방자치단체에 기부채납을 조건으로 부동산을 취득하는 경우라도 그 반대급부로 기부채납 대상물의 무상사용권을 제공받는 때에는 그 해당 부분에 대해서는 취득세를 [㉠ 부과하지 아니한다, ㉡ 부과한다].

3. 국가에 귀속의 반대급부로 영리법인이 국가 소유의 부동산을 무상으로 양여받는 경우에는 취득세를 [㉠ 부과하지 아니한다, ㉡ 부과한다].

4. 「주택법」에 따른 주택조합이 해당 조합원용으로 조합주택용 부동산을 취득한 경우 취득세를 [㉠ 부과하지 아니한다, ㉡ 부과한다].

5. 「주택법」에 따른 주택조합이 비조합원용 부동산을 취득하는 경우 취득세를 [㉠ 부과하지 아니한다, ㉡ 부과한다].

6. 공사현장사무소 등 임시건축물의 취득에 대하여는 그 존속기간이 [㉠ 1년 이내, ㉡ 1년 초과]인 경우 취득세를 부과하지 아니한다.

7. 영리법인이 취득한 임시흥행장의 존속기간이 [㉠ 1년 이내, ㉡ 1년 초과]인 경우에는 취득세를 부과한다.

8. 「주택법」 제2조 제3호에 따른 공동주택의 개수(「건축법」 제2조 제1항 제9호에 따른 대수선은 제외함)로 인한 취득 중 개수로 인한 취득 당시 「지방세법」 제4조에 따른 주택의 시가표준액이 9억원 이하인 주택과 관련된 개수로 인한 취득에 대해서는 취득세를 [㉠ 부과하지 아니한다, ㉡ 부과한다].

등록면허세

1. 등록면허세 납세의무자

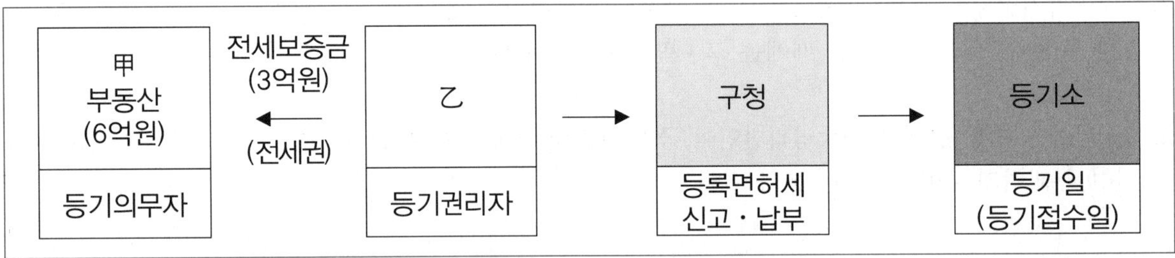

지피지기

1. 재산권 기타 권리의 설정 · 변경 또는 소멸에 관한 사항을 공부에 [㉠ 등기 또는 등록을 받는 등기 · 등록부상에 기재된 명의자, ㉡ 등기권리자]는 등록면허세를 납부할 의무를 진다.
2. 甲이 乙소유 부동산에 관해 전세권설정등기를 하는 경우 등록면허세의 납세의무자는 [㉠ 전세권자인 甲, ㉡ 전세권설정자인 乙]이다.
3. 甲이 乙소유 부동산에 관해 전세권설정등기를 한 후 丙이 甲으로부터 전세권을 이전받아 등기하는 경우라면 등록면허세의 납세의무자는 [㉠ 丙, ㉡ 甲]이다.

2. 등록면허세 과세표준

1. 등록 당시의 가액
2. 신고 cf 신고가 없거나 신고가액이 시가표준액보다 적은 경우: 시가표준액
   → MAX (신고가액, 시가표준액)
3. 등록 당시에 자산재평가 또는 감가상각 등의 사유로 그 가액이 달라진 경우: 변경된 가액
4. 채권금액이 없을 때: 채권의 목적이 된 것의 가액 또는 처분의 제한의 목적이 된 금액

지피지기

1. 부동산의 등록에 대한 등록면허세의 과세표준은 등록자가 신고한 당시의 가액으로 하고, 신고가 없는 경우에는 [㉠ 신고가액, ㉡ 시가표준액의 100분의 110, ㉢ 시가표준액]으로 한다.
2. 부동산의 등록에 대한 등록면허세의 과세표준은 등록자가 신고한 당시의 가액으로 하고, 신고가액이 시가표준액보다 많은 경우에는 [㉠ 신고가액, ㉡ 시가표준액]으로 한다.
3. 등록 당시에 감가상각의 사유로 그 가액이 달라진 경우에는 [㉠ 변경 전 가액, ㉡ 변경된 가액]을 등록면허세 과세표준으로 한다.
4. 채권금액으로 과세액을 정하는 경우에 일정한 채권금액이 없을 때에는 [㉠ 채권의 목적이 된 것의 가액 또는 처분의 제한의 목적이 된 금액, ㉡ 시가표준액]을 그 채권금액으로 본다.

3. 등록면허세 세율

1. 부동산 등기

구 분		과세표준	세 율
① 소유권의 보존등기		부동산가액	1천분의 8(0.8%)
② 소유권 이전등기	유 상	부동산가액	1천분의 20(2%)
	무 상	부동산가액	1천분의 15(1.5%) cf 상속: 0.8%
③ 소유권 외의 물권과 임차권의 설정 및 이전	지상권	부동산가액	1천분의 2(0.2%)
	저당권	채권금액	1천분의 2(0.2%)
	지역권	요역지가액	1천분의 2(0.2%)
	전세권	전세금액	1천분의 2(0.2%)
	임차권	월임대차금액	1천분의 2(0.2%)
④ 경매신청 · 가압류 · 가처분		채권금액	1천분의 2(0.2%)
⑤ 가등기		부동산가액 또는 채권금액	1천분의 2(0.2%)
⑥ 그 밖의 등기(말소등기, 지목변경, 구조변경 등)		매 1건당	6,000원

세율 적용시 유의사항

1. 최저세액: 등록면허세액이 6천원 미만일 때에는 6천원으로 한다.
2. 세율의 조정: 지방자치단체의 장은 조례로 정하는 바에 따라 등록면허세의 세율을 부동산등기에 따른 표준세율의 100분의 50의 범위에서 가감할 수 있다.

2. **중과세율**: 표준세율의 100분의 300(3배)
   - ① 대도시에서 법인의 설립등기
     - cf 중과세 예외(도시형 업종) 예 할부금융업, 은행업
   - ② 대도시 밖의 법인이 대도시로 전입

지피지기

1. 상속으로 인한 소유권 이전 등기의 등록면허세 세율은 부동산 가액의 [㉠ 1천분의 8, ㉡ 1천분의 15]로 한다.
2. 지역권 설정 및 이전등기의 등록면허세 세율은 요역지 가액의 [㉠ 1천분의 2, ㉡ 1천분의 8]로 한다.
3. 전세권설정등기에 대한 등록면허세의 표준세율은 전세금액의 [㉠ 1,000분의 2, ㉡ 1,000분의 8]이다.
4. 지방자치단체의 장은 등록면허세의 세율을 부동산등기에 대한 표준세율의 [㉠ 100분의 50, ㉡ 100분의 60]의 범위에서 가감할 수 있다.
5. 대도시 밖에 있는 법인의 본점이나 주사무소를 대도시로 전입함에 따른 등기는 법인등기에 대한 세율의 [㉠ 100분의 200, ㉡ 100분의 300]을 적용한다.

4. 등록면허세 부과와 징수

1. **납세지**: 부동산 등기 → **부동산 소재지** → **등록관청 소재지**

2. **신고 및 납부**

(1) 원칙: 신고 및 납부

① 등록을 하기 전까지(등기·등록관서에 접수하는 날까지)

② 신고의무 ×, 납부 ○ → 신고를 하고 납부한 것으로 본다.
→ 무신고가산세 및 과소신고가산세를 부과하지 아니한다(용서).

(2) 예외: 보통징수

(3) 채권자대위자 신고납부

① 채권자대위자는 납세의무자를 대위하여 부동산의 등기에 대한 등록면허세를 신고납부할 수 있다. 이 경우 채권자대위자는 행정안전부령으로 정하는 바에 따라 납부확인서를 발급받을 수 있다.

② 지방자치단체의 장은 ①에 따른 채권자대위자의 신고납부가 있는 경우 납세의무자에게 그 사실을 즉시 통보하여야 한다.

3. **가산세**: 취득세의 가산세 내용과 동일

4. **등록면허세 납부 확인 등**: 첨부

5. **부가세**

(1) 지방교육세: 납부하여야 할 세액의 100분의 20

(2) 농어촌특별세: 감면세액에 100분의 20

지피지기

1. 부동산 등기에 대한 등록면허세 납세지는 [㉠ 부동산 소유자의 주소지, ㉡ 부동산 소재지]이다.
2. 부동산 등기에 대한 등록면허세의 납세지는 부동산 소재지로 하며, 납세지가 분명하지 아니한 경우에는 [㉠ 등록관청 소재지, ㉡ 부동산 소유자의 주소지]로 한다.
3. 같은 채권의 담보를 위하여 설정하는 둘 이상의 저당권을 등록하는 경우에는 이를 하나의 등록으로 보아 그 등록에 관계되는 재산을 처음 등록하는 [㉠ 등록관청 소재지, ㉡ 부동산 소유자의 주소지]를 납세지로 한다.
4. 같은 등록에 관계되는 재산이 둘 이상의 지방자치단체에 걸쳐 있어 등록면허세를 지방자치단체별로 부과할 수 없을 때에는 [㉠ 등록관청 소재지, ㉡ 부동산 소유자의 주소지]를 납세지로 한다.

5. 부동산을 등기하려는 자는 과세표준에 세율을 적용하여 산출한 세액을 [㉠ 등기를 하기 전까지, ㉡ 등기한 후 60일 이내에] 납세지를 관할하는 지방자치단체의 장에게 신고·납부하여야 한다.

6. 등록을 하려는 자가 법정신고기한까지 등록면허세 산출세액을 신고하지 않은 경우로서 등록 전까지 그 산출세액을 납부하였을 때에는 신고·납부한 것으로 보고 「지방세기본법」에 따른 [㉠ 무신고가산세가 부과된다, ㉡ 무신고가산세가 부과되지 아니한다].

7. 채권자대위자는 납세의무자를 대위하여 부동산의 등기에 대한 등록면허세를 신고납부할 수 [㉠ 있다, ㉡ 없다].
8. 지방자치단체의 장은 채권자대위자의 부동산의 등기에 대한 등록면허세 신고납부가 있는 경우 [㉠ 채권자대위자, ㉡ 납세의무자]에게 그 사실을 즉시 통보하여야 한다.

5. 등록면허세 비과세

1. **국가**, 지방자치단체, 지방자치단체조합, 외국정부 및 주한국제기구가 **자기를 위하여 받는 등록**
   cf 외국정부 : 상호주의

2. **다음의 어느 하나에 해당하는 등록**
   ① 「채무자 회생 및 파산에 관한 법률」에 따른 등기 또는 등록
   ② 행정구역의 변경, 주민등록번호의 변경, 지적(地籍) 소관청의 지번 변경, 계량단위의 변경, 등록 담당 공무원의 착오 및 이와 유사한 사유로 인한 등록으로서 주소, 성명, 주민등록번호, 지번, 계량단위 등의 단순한 표시변경 · 회복 또는 경정 등록
   ③ 그 밖에 지목이 **묘지**인 토지(무덤과 이에 접속된 부속시설물의 부지로 사용되는 토지로서 지적공부상 지목이 묘지인 토지에 관한 등기)

❙지피지기

1. 등기 담당 공무원의 착오로 인한 지번의 오기에 대한 경정 등기에 대해서는 등록면허세를 [㉠ 부과하지 아니한다, ㉡ 부과한다].

2. 무덤과 이에 접속된 부속시설물의 부지로 사용되는 토지로서 지적공부상 지목이 묘지인 토지에 관한 등기에 대하여는 등록면허세를 [㉠ 부과하지 아니한다, ㉡ 부과한다].

MEMO

Chapter 06

재산세

1. 재산세 과세대상

구분		내용	과세방법
토 지		ⓒⓕ 주택의 부속토지는 제외	① 분리과세대상: 개별과세 ② 합산과세대상: 합산과세
건축물		① 건축물 ② 시설물 ⓒⓕ 주택용 건물은 제외	개별과세
주 택		주택용 건물과 부수토지를 <u>통합</u>하여 과세 ⓒⓕ 경계가 명백하지 아니한 경우: 바닥면적의 10배	개별과세
선 박	–	–	개별과세
항공기	–	–	개별과세

1. **개별과세**[재산세(주택)]

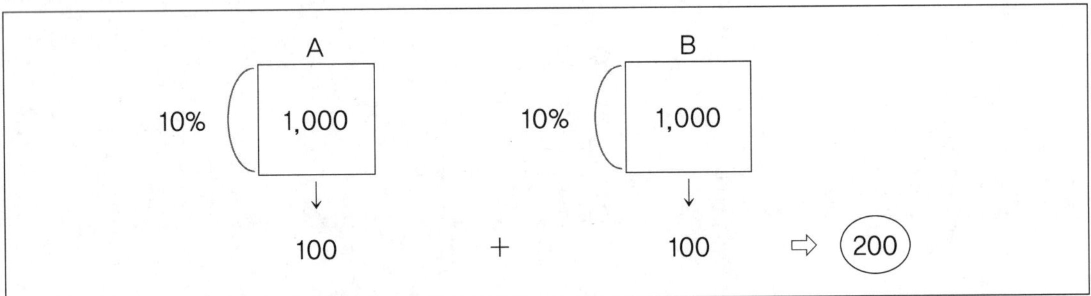

2. **합산과세**[재산세(토지 중 종합합산, 별도합산), 종합부동산세, 양도소득세]

A: 1,000 + B: 1,000 = C: 1,000 / 1,000

1,000 ⇨ 20% ⇨ 200
\+
1,000 ⇨ 10% ⇨ 100

⇩

300

지피지기

1. 재산세 과세대상인 건축물의 범위에는 주택을 [㉠ 포함한다, ㉡ 포함하지 아니한다].

2. 주택 부속토지의 경계가 명백하지 아니한 경우 그 주택의 바닥면적의 [㉠ 10배, ㉡ 20배]에 해당하는 토지를 주택의 부속토지로 한다.

3. 주택의 토지와 건물 소유자가 다를 경우 해당 주택에 대한 세율을 적용할 때 해당 주택의 토지와 건물의 가액을 [㉠ 합산, ㉡ 구분]한 과세표준에 주택의 세율을 적용한다.

4. 납세의무자가 해당 지방자치단체 관할구역에 2개 이상의 주택을 소유하고 있는 경우 그 주택의 가액을 [㉠ 합한, ㉡ 구분한] 금액을 과세표준으로 하여 주택의 세율을 적용한다.

5. [㉠ 토지, ㉡ 주택]에 대한 재산세 과세대상은 종합합산과세대상, 별도합산과세대상 및 분리과세대상으로 구분한다.

2. 토지의 과세대상 구분

- **고율분리과세**: 사치성재산(골프장용 토지, 고급오락장용 건축물의 부속토지): 4%
- **종합합산과세**: 나대지, 임야 : 0.2% ~ 0.5%(3단계 초과누진세율)
- **별도합산과세**: 일반 영업용 건축물의 부속토지 : 0.2% ~ 0.4%(3단계 초과누진세율)
- **저율분리과세** ┌ 공장용지 : 0.2%
└ 농지, 목장용지, 공익목적 임야: 0.07%

구분	대상	세율	내용
고율분리	사치성 재산	4%	① 골프장용 토지(회원제 골프장) ② 고급오락장으로 사용되는 건축물의 부속토지
종합합산	나대지, 임야	0.2~0.5%(3단계 초과누진세율)	① 위법, 무허가 건축물의 부속토지: 종합 ② 2% 미달 ㉠ 바닥면적: 별도 ㉡ 바닥면적을 제외한 부속토지: 종합
별도합산	일반 영업용 건축물의 부속 토지	0.2~0.4%(3단계 초과누진세율)	① 일반영업용 건축물의 부속토지 ㉠ 기준면적 이내: 별도 ㉡ 초과: 종합 ② 별도합산 의제 토지 ㉠ 차고용 토지 ㉡ 자동차운전학원용 토지 ㉢ 법인 묘지 ㉣ 원형이 보전되는 임야
저율분리	공장용지	0.2%	① 공장용지 ㉠ 초과: 종합 ㉡ (주거·상업·녹지지역 + 기준면적 이내): 별도 ② 국가의 보호·지원이 필요한 토지(0.2%) ㉠ 한국토지주택공사 ㉡ 염전 ㉢ 재건축 ㉣ 부동산투자회사 ㉤ 터미널용 토지
	농지, 목장 용지, 공익목적 임야	0.07%	① 농 지 ㉠ 경작에 사용 ×: 종합 ㉡ 주거·상업·공업지역: 종합 ㉢ 법인 및 단체 소유농지: 종합 ↳ 저율분리 ⓐ 농업법인 ⓑ 한국농어촌공사 ⓒ 사회복지사업자 ⓓ 법인이 매립·간척 ⓔ 종중 ② 목장용지 ㉠ 초과: 종합 ㉡ 주거·상업·공업지역: 종합 ③ 공익목적 임야 ㉠ 각종 법률 ㉡ 종중

❙ 지피지기

1. 「자연공원법」에 따라 지정된 공원자연환경지구의 임야는 재산세 [㉠ 종합합산, ㉡ 분리]과세대상 토지이다.

3. 재산세 과세표준

1. **토지 · 건축물에 대한 재산세 과세표준**(개인 · 법인 동일)

시가표준액 × 공정시장가액비율(70%)

cf **토지의 시가표준액 = 개별공시지가**

2. **주택에 대한 재산세 과세표준**(개인 · 법인 동일)

시가표준액 × 공정시장가액비율(60%)

cf ① **단독주택의 시가표준액 = 개별주택가격**
② **공동주택의 시가표준액 = 공동주택가격**

cf 1세대 1주택(시가표준액이 9억원을 초과하는 주택을 포함)
① 시가표준액이 3억원 이하인 주택: 시가표준액의 100분의 43
② 시가표준액이 3억원을 초과하고 6억원 이하인 주택: 시가표준액의 100분의 44
③ 시가표준액이 6억원을 초과하는 주택: 시가표준액의 100분의 45

과세표준상한액
① 주택의 과세표준이 다음 계산식에 따른 과세표준상한액보다 큰 경우에는 해당 주택의 과세표준은 과세표준상한액으로 한다.
② 과세표준상한액 = 대통령령으로 정하는 직전 연도 해당 주택의 과세표준 상당액 + (과세기준일 당시 시가표준액으로 산정한 과세표준 × 과세표준상한율)
③ 과세표준상한율 = 소비자물가지수, 주택가격변동률, 지방재정 여건 등을 고려하여 0에서 100분의 5 범위 이내로 대통령령으로 정하는 비율

3. **선박 · 항공기에 대한 재산세 과세표준**: 시가표준액

지피지기

1. 토지에 대한 재산세 과세표준은 [㉠ 장부가액, ㉡ 시가표준액에 법령이 정하는 공정시장가액비율을 곱하여 산정한 가액, ㉢ 시가표준액에 100분의 70의 공정시장가액비율을 곱하여 산정한 가액, ㉣ 시가표준액에 공정시장가액비율(100분의 70)을 곱하여 산정한 가액, ㉤ 시가표준액의 100분의 70, ㉥ 개별공시지가의 100분의 70]으로 한다.

2. 주택(법령으로 정하는 1세대 1주택 아님)에 대한 재산세의 과세표준은 [㉠ 시가표준액, ㉡ 시가표준액에 100분의 60의 공정시장가액비율을 곱하여 산정한 가액, ㉢ 시가표준액의 100분의 60]으로 한다.

4. 재산세 세율

1. 세 율

구 분	과세대상		세 율
표준세율	토 지	고율분리과세: 사치성 재산 (골프장용토지, 고급오락장용 건축물의 부속토지)	1천분의 40(4%)
		종합합산과세: 나대지, 임야 ⇨ 시·군별 합산과세	0.2~0.5% (3단계 초과누진세율)
		별도합산과세: 일반 영업용 건축물의 부속토지 ⇨ 시·군별 합산과세	0.2~0.4% (3단계 초과누진세율)
		저율분리과세 ⇨ 물건별 과세(개별과세)	–
		① 공장용지	1천분의 2(0.2%)
		② 농지(전·답·과수원), 목장용지, 공익목적 임야	1천분의 0.7(0.07%)
	건축물	주택 이외 건축물(상업용, 공장용) ⇨ 물건별 과세	1천분의 2.5(0.25%)
		① 시지역의 주거지역 내 공장용 건축물	1천분의 5(0.5%)
		② 회원제골프장·고급오락장용 건축물	1천분의 40(4%)
	주 택	① 주택 및 부수토지(주택가액 + 토지가액) ⇨ 주택별 과세(개별과세), 고급주택 포함(중과세 ×)	0.1~0.4% (4단계 초과누진세율)
		② 1세대 1주택에 대한 세율 특례 (시가표준액이 9억원 이하인 주택)	0.05~0.35% (4단계 초과누진세율)
	선 박	일반선박	1천분의 3(0.3%)
		고급선박	1천분의 50(5%)
	항공기	–	1천분의 3(0.3%)
중과세율	건축물	과밀억제권역(산업단지 및 유치지역과 공업지역은 제외)에서 공장 신설·증설에 해당하는 경우 그 건축물	최초의 과세기준일부터 5년간 표준세율(0.25%)의 100분의 500에 해당하는 세율

주의 형광펜

① 재산세 초과누진세율

② 종합부동산세 과세대상

2. 탄력세율

지방자치단체의 장은 특별한 재정수요나 재해 등의 발생으로 재산세의 세율 조정이 불가피하다고 인정되는 경우 조례로 정하는 바에 따라 **표준세율**의 **100분의 50**의 범위 안에서 **가감**할 수 있다. 다만, 가감한 세율은 **해당 연도**에만 적용한다. cf 5년간 (×)

▎지피지기

1. 과세표준이 5천만원인 종합합산과세대상 토지에 적용되는 재산세의 표준세율은 [㉠ 1,000분의 2, ㉡ 1,000분의 5]이다.
2. 과세표준이 2억원인 별도합산과세대상 토지의 재산세 표준세율은 [㉠ 1,000분의 2, ㉡ 1,000분의 4]이다.
3. 과세표준이 1억 5천만원인 주택(법령으로 정하는 1세대 1주택 아님)에 적용되는 재산세의 표준세율은 [㉠ 1,000분의 1, ㉡ 1,000분의 4]이다.

4. 과세표준 20억원인 분리과세대상 목장용지에 적용되는 재산세의 표준세율은 [㉠ 1,000분의 0.7, ㉡ 1,000분의 2]이다.
5. 과세표준이 1억원인 광역시의 군지역에서 「농지법」에 따른 농업법인이 소유하는 농지로서 과세기준일 현재 실제 영농에 사용되고 있는 농지에 적용되는 재산세의 표준세율은 [㉠ 1,000분의 0.7, ㉡ 1,000분의 2]이다.

6. 법령이 정한 고급오락장용 토지의 재산세 표준세율은 [㉠ 1천분의 40, ㉡ 1천분의 4]이다.

7. 특별시 지역에서 「국토의 계획 및 이용에 관한 법률」과 그 밖의 관계 법령에 따라 지정된 주거지역 및 해당 지방자치단체의 조례로 정하는 지역의 대통령령으로 정하는 공장용 건축물의 재산세 표준세율은 과세표준의 [㉠ 1천분의 5, ㉡ 1천분의 2.5, ㉢ 비례세율, ㉣ 초과누진세율]이다.

8. 지방자치단체의 장은 특별한 재정수요나 재해 등의 발생으로 재산세의 세율 조정이 불가피하다고 인정되는 경우 조례로 정하는 바에 따라 표준세율의 100분의 50의 범위에서 가감할 수 있다. 다만, 가감한 세율은 [㉠ 해당 연도를 포함하여 3년간, ㉡ 해당 연도부터 3년간, ㉢ 해당 연도에만] 적용한다.

5. 재산세 납세의무자

1. **원칙** – **과세기준일**(6월 1일) **현재 사실상 소유자**
   (1) **공유**재산인 경우: 그 지분에 해당하는 부분(지분의 표시가 없는 경우에는 지분이 균등한 것으로 본다)에 대해서는 그 **지분권자**
   (2) **주택**의 **건물**과 **부속토지**의 소유자가 다를 경우: 그 주택에 대한 **산출세액**을 건축물과 그 부속토지의 **시가표준액 비율로 안분**계산한 부분에 대해서는 그 소유자 cf 면적비율 (×)

2. **예 외**
   (1) **공부상 소유자**: 사실상의 소유자를 알 수 없을 때
   (2) **주된 상속자**
   상속이 개시된 재산으로서 **상속등기가 이행되지 아니하고 사실상의 소유자를 신고하지 아니하였을 때**(cf 주된 상속자: 「민법」상 상속지분이 가장 높은 사람 → 나이가 가장 많은 사람)
   (3) **종중재산의 공부상의 소유자**: 종중소유임을 신고하지 아니하였을 때
   (4) **매수계약자**
   ① 국가, 지방자치단체, 지방자치단체조합 + 연부 + 무상
   ② 국가, 지방자치단체 및 지방자치단체조합 + 선수금 + 무상
   (5) **위탁자**: 「신탁법」 제2조에 따른 수탁자의 명의로 등기 또는 등록된 신탁재산의 경우
   (6) **사업시행자**: 체비지 또는 보류지
   (7) **사용자**: 귀속이 분명하지 아니하여

❙ 지피지기

1. 공유재산인 경우 그 지분에 해당하는 부분(지분의 표시가 없는 경우에는 지분이 균등한 것으로 봄)에 대해서는 그 [㉠ 지분권자, ㉡ 나이가 많은 사람]를 재산세 납세의무자로 본다.
2. 과세기준일 현재 공부상의 소유자가 매매로 소유권이 변동되었는데도 신고하지 아니하여 사실상의 소유자를 알 수 없는 경우 그 [㉠ 공부상의 소유자, ㉡ 사용자]에게 재산세 납세의무가 있다.
3. 상속이 개시된 재산으로서 상속등기가 이행되지 아니하고 사실상의 소유자를 신고하지 아니하였을 때에는 [㉠ 공동상속인 각자, ㉡ 주된 상속자, ㉢ 「민법」상 상속지분이 가장 높은 상속자(상속지분이 가장 높은 상속자가 두 명 이상인 경우에는 그중 나이가 가장 많은 사람)]가 재산세를 납부할 의무를 진다.
4. 재산세 과세기준일 현재 공부상에 개인 등의 명의로 등재되어 있는 사실상의 종중재산으로서 종중소유임을 신고하지 아니하였을 때에는 [㉠ 공부상 소유자, ㉡ 종중]는 재산세를 납부할 의무가 있다.
5. 지방자치단체와 재산세 과세대상 재산을 연부로 매매계약을 체결하고 그 재산의 사용권을 무상으로 받은 경우에는 그 [㉠ 매수계약자, ㉡ 그 사용권을 무상으로 받은 자]를 재산세 납세의무자로 본다.
6. 국가가 선수금을 받아 조성하는 매매용 토지로서 사실상 조성이 완료된 토지의 사용권을 [㉠ 무상으로 받은 자, ㉡ 매수계약자]는 재산세를 납부할 의무가 있다.
7. 「신탁법」에 따라 위탁자별로 구분되어 수탁자 명의로 등기·등록된 신탁재산의 [㉠ 수탁자, ㉡ 위탁자]는 재산세 납세의무자이다.
8. 「도시개발법」에 따라 시행하는 환지방식에 의한 도시개발사업 및 「도시 및 주거환경정비법」에 따른 정비사업(재개발사업만 해당한다)의 시행에 따른 환지계획에서 일정한 토지를 환지로 정하지 아니하고 체비지로 정한 경우 [㉠ 사업시행자, ㉡ 종전 토지 소유자]는 재산세 납세의무자이다.
9. 재산세 과세기준일 현재 소유권의 귀속이 분명하지 아니하여 사실상의 소유자를 확인할 수 없는 경우에는 그 [㉠ 사용자, ㉡ 공부상 소유자]가 재산세를 납부할 의무가 있다.

6. 재산세 부과 · 징수

1. 과세기준일 및 납기

(1) **과세기준일**: 매년 6월 1일

(2) **납 기**

① 재산세의 납기

㉠ 토지: 매년 9월 16일부터 9월 30일까지

㉡ 건축물: 매년 7월 16일부터 7월 31일까지

㉢ **주택: 2분의 1은 매년 7월 16일부터 7월 31일까지, 나머지 2분의 1은 9월 16일부터 9월 30일까지**(다만, 해당 연도에 부과할 세액이 **20만원 이하**인 경우에는 **7월 16일부터 7월 31일까지로 하여 한꺼번에 부과 · 징수**할 수 있다)

㉣ 선박: 매년 7월 16일부터 7월 31일까지

㉤ 항공기: 매년 7월 16일부터 7월 31일까지

② 수시로 부과 · 징수(과세대상 누락, 위법 또는 착오 등)

2. 징수방법: 보통징수

(1) **관할 지방자치단체의 장**이 세액을 산정

(2) 납기개시 5일 전까지 발급

3. 물납: 납부세액이 1천만원을 초과, 관할구역에 있는 부동산에 대해서만

(1) 물납의 신청 및 허가

① 신청: 납부기한 10일 전까지

② 허가: 신청을 받은 날부터 5일 이내

③ 물납하였을 때에는 납부기한 내에 납부한 것으로 본다.

(2) 관리 · 처분이 부적당한 부동산의 처리

① 관리 · 처분하기가 부적당하다고 인정되는 경우 허가 ×

② 통지를 받은 날부터 10일 이내 변경 신청

③ 물납하였을 때에는 납부기한 내에 납부한 것으로 본다.

(3) 물납허가 부동산의 평가: 과세기준일 현재의 시가

4. 분할납부

(1) **납부세액이 250만원을 초과,** 납부할 세액의 일부를 **납부기한이 지난 날부터 3개월 이내**

(2) 분할납부세액

① 납부할 세액이 500만원 이하인 경우: 250만원을 초과하는 금액

② 납부할 세액이 500만원을 초과하는 경우: 그 세액의 100분의 50 이하의 금액

(3) 분할납부신청: ① 납부기한까지 ② 수정고지

5. 소액 징수면제: 2천원 미만

6. 세 부담의 상한: 100분의 150 cf **주택**의 경우에는 적용하지 아니한다.

7. 재산세의 부가세: 지방교육세(재산세액의 20%)

지피지기

1. 재산세의 과세기준일은 매년 [㉠ 6월 1일, ㉡ 7월 1일]로 한다.

2. 토지의 정기분 납부세액이 9만원인 경우 재산세 납기는 [㉠ 매년 7월 16일부터 7월 31일까지, ㉡ 매년 9월 16일부터 9월 30일까지, ㉢ 7월 16일부터 7월 31일까지로 하여 한꺼번에 부과 · 징수]이다.

3. 건축물에 대한 재산세 납기는 [㉠ 매년 7월 16일부터 7월 31일까지, ㉡ 매년 9월 16일에서 9월 30일까지]이다.

4. 해당 연도에 주택에 부과할 세액이 100만원인 경우 재산세 납기는 [㉠ 7월 16일부터 7월 31일까지로 하여 한꺼번에 부과 · 징수, ㉡ 9월 30일 납기로 한꺼번에 부과 · 징수, ㉢ 부과 · 징수할 세액의 2분의 1은 매년 7월 16일부터 7월 31일까지, 나머지 2분의 1은 9월 16일부터 9월 30일까지, ㉣ 세액의 2분의 1은 7월 16일부터 7월 31일까지, 나머지는 10월 16일부터 10월 31일까지]이다.

5. 주택의 재산세로서 해당 연도에 부과할 세액이 20만원 이하인 경우에는 납기를 [㉠ 7월 16일부터 7월 31일까지, ㉡ 9월 16일부터 9월 30일까지, ㉢ 10월 16일부터 10월 31일까지]로 하여 한꺼번에 부과 · 징수할 수 있다.

6. 재산세의 납기에도 불구하고 지방자치단체의 장은 과세대상 누락, 위법 또는 착오 등으로 인하여 이미 부과한 세액을 변경하거나 수시부과하여야 할 사유가 발생하면 수시로 부과 · 징수할 수 [㉠ 있다, ㉡ 없다].

7. 재산세는 관할 지방자치단체의 장이 세액을 산정하여 [㉠ 보통징수, ㉡ 특별징수]의 방법으로 부과 · 징수한다.

8. 재산세를 징수하려면 토지, 건축물, 주택, 선박 및 항공기로 구분한 납세고지서에 과세표준과 세액을 적어 늦어도 [㉠ 납기개시 5일 전까지, ㉡ 납부기한 10일 전까지]발급하여야 한다.

9. 지방자치단체의 장은 재산세의 납부세액(재산세 도시지역분 포함)이 [㉠ 1천만원, ㉡ 250만원]을 초과하는 경우에는 납세의무자의 신청을 받아 해당 지방자치단체의 관할구역에 있는 부동산에 대하여만 대통령령으로 정하는 바에 따라 물납을 허가할 수 있다.

10. 재산세를 물납하려는 자는 [㉠ 납부기한 10일 전까지, ㉡ 납기개시 5일 전까지] 납세지를 관할하는 시장 · 군수 · 구청장에게 물납을 신청하여야 한다.

11. 재산세 물납신청을 받은 시장 · 군수 · 구청장이 물납을 허가하는 경우 물납을 허가하는 부동산의 가액은 [㉠ 물납허가일, ㉡ 재산세 과세기준일] 현재의 시가로 한다.

12. 지방자치단체의 장은 재산세의 납부할 세액이 500만원 이하인 경우 250만원을 초과하는 금액은 납부기한이 지난 날부터 [㉠ 3개월, ㉡ 2개월] 이내 분할납부하게 할 수 있다.

13. 고지서 1장당 재산세로 징수할 세액이 [㉠ 2천원, ㉡ 6천원] 미만인 경우에는 해당 재산세를 징수하지 아니한다.

7. 재산세 비과세

1. **국가**, 지방자치단체, 지방자치단체조합, 외국정부 및 주한국제기구의 **소유**
   cf 부과
   (1) 대한민국 정부기관의 재산에 대하여 과세하는 외국정부의 재산(상호주의)
   (2) 매수계약자에게 납세의무가 있는 재산

2. **국가**, 지방자치단체 또는 지방자치단체조합이 1년 이상 **공용 또는 공공용으로 사용하는 재산**
   cf 부과
   (1) **유료**로 사용하는 경우
   (2) 소유권의 유상이전을 약정한 경우로서 그 재산을 취득하기 전에 미리 사용하는 경우

3. 다음에 따른 재산(**사치성재산은 제외한다**)
   (1) **도로 · 하천 · 제방 · 구거 · 유지 및 묘지**
   (2) 「산림보호법」에 따른 산림보호구역, 그 밖에 다음에 해당하는 토지
      ① 군사기지 및 군사시설 보호구역 중 **통제보호구역에 있는 토지**. 다만, **전 · 답 · 과수원 및 대지는 제외**한다.

      ㉠ 제한보호구역 내 임야: 분리과세대상 토지
      ㉡ 통제보호구역 내 임야: 비과세

      ② **채종림 · 시험림**
      ③ 「자연공원법」에 따른 공원자연보존지구의 임야
         cf 공원자연환경지구 안의 임야: 분리과세대상 토지
      ④ 백두대간보호지역의 임야
   (3) **임시로 사용하기 위하여 건축된 건축물**로서 **재산세 과세기준일 현재 1년 미만의 것**
   (4) 비상재해구조용, 무료도선용, 선교(船橋) 구성용 및 본선에 속하는 전마용(傳馬用) 등으로 사용하는 선박
   (5) 행정기관으로부터 **철거명령을 받은** 건축물 등 재산세를 부과하는 것이 적절하지 아니한 **건축물** 또는 **주택**(「건축법」에 따른 **건축물 부분으로 한정**한다)

지피지기

1. 지방자치단체가 1년 이상 공용으로 사용하는 재산으로서 [㉠ 유료, ㉡ 무료]로 사용하는 경우에는 재산세를 부과한다.

2. 「군사기지 및 군사시설 보호법」에 따른 군사기지 및 군사시설 보호구역 중 통제보호구역에 있는 전・답은 재산세 [㉠ 비과세, ㉡ 과세]대상이다.

Chapter 07

종합부동산세

1. 종합부동산세 특징

1. 국 세
2. 보유과세
3. 합산과세(전국 합산) cf 세대별 합산(×) → 개인별 합산(○)
4. 정부부과제도(신고납세제도 선택) (12/1 ~ 12/15)
5. 과세기준일(매년 6월 1일) = 재산세와 동일

재산세 과세대상	재산세 세율		재산세 납기	종합부동산세 과세대상		종합부동산세 납부기간
토 지	고율분리	4%	9월 16일~ 9월 30일	–	–	12월 1일~ 12월 15일
	종합합산	0.2~0.5%		종합합산	5억원 초과	
	별도합산	0.2~0.4%		별도합산	80억원 초과	
	저율분리	0.2%		–	–	
		0.07%		–	–	–
건축물	0.25%, 0.5%, 4%		7월 16일~ 7월 31일	–		–
주 택	주택	0.1~0.4%	① $\frac{1}{2}$: 7월 16일~ 7월 31일 ② $\frac{1}{2}$: 9월 16일~ 9월 30일	주택	9억원 초과	12월 1일~ 12월 15일
	1세대 1주택 (시가표준액 9억원 이하)	0.05~0.35%		1세대 1주택자 (단독명의)	12억원 초과	
선 박	–		7월 16일~ 7월 31일	–		–
항공기	–		7월 16일~ 7월 31일	–		–

주의 **형광펜**

① 재산세 초과누진세율

② 종합부동산세 과세대상

2. 종합부동산세 전체흐름도

1. 주 택

(1) 개 인

(공시가격 합산액 − 9억원) × 공정시장가액비율(60%) ⇨ **과세표준** × 세율 ⇨ 산출세액

① 전국 합산 − 재산세

② 소유자별 합산 ⇨ 납부세액

③ 세대별 합산(×)

④ 단독주택: 개별주택가격

⑤ 공동주택: 공동주택가격

⑥ 합산 배제: 등록문화유산에 해당하는 주택

(2) 법 인

(공시가격 합산액 − 0원) × 공정시장가액비율(60%) ⇨ **과세표준** × 세율 ⇨ 산출세액

− 재산세

⇨ 납부세액

2. 토 지

(1) 종합합산

(공시가격 합산액 − 5억원) × 공정시장가액비율(100%) ⇨ **과세표준** × 세율 ⇨ 산출세액

① 전국 합산 − 재산세

② 소유자별 합산 ⇨ 납부세액

③ 세대별 합산(×)

④ 토지: 개별공시지가

(2) 별도합산

(공시가격 합산액 − 80억원) × 공정시장가액비율(100%) ⇨ **과세표준** × 세율 ⇨ 산출세액

① 전국 합산 − 재산세

② 소유자별 합산 ⇨ 납부세액

③ 세대별 합산(×)

④ 토지: 개별공시지가

3. 주택에 대한 과세

1. **납세의무자**: 과세기준일 현재 주택분 재산세의 납세의무자는 종합부동산세를 납부할 의무가 있다.

2. **과세표준**
   (1) **개 인**
   = [인별 주택의 공시가격을 합산한 금액 − 9억원] × 공정시장가액비율(60%)
   (2) **개인**(1세대 1주택자, 단독명의) cf **부부 공동명의 1주택자: 9/16 ~ 9/30 신청**
   = [인별 주택의 공시가격을 합산한 금액 − 12억원] × 공정시장가액비율(60%)
   (3) **법 인**
   = [주택의 공시가격을 합산한 금액 − 0원] × 공정시장가액비율(60%)

3. **세율 및 세액**
   (1) **주택분 종합부동산세액**
   ① 개 인
   ㉠ 2주택 이하 소유: 0.5% ~ 2.7% 7단계 초과누진세율
   ㉡ 3주택 이상 소유: 0.5% ~ 5% 7단계 초과누진세율
   ② 법 인
   ㉠ 2주택 이하 소유: 2.7%
   ㉡ 3주택 이상 소유: 5%
   (2) **재산세액 공제**: 적용된 세액, 적용받은 세액
   (3) **1세대 1주택에 대한 세액공제**(①, ② 100분의 80범위에서 중복 가능)
   ① **연령 세액공제**: 과세기준일 현재 만 60세 이상인 1세대 1주택자(단독소유)

연 령	공제율
만 60세 이상 65세 미만	100분의 20(20%)
만 65세 이상 70세 미만	100분의 30(30%)
만 70세 이상	100분의 40(40%)

   ② **장기보유 세액공제**: 1세대 1주택자(단독소유)

보유기간	공제율
5년 이상 10년 미만	100분의 20(20%)
10년 이상 15년 미만	100분의 40(40%)
15년 이상	100분의 50(50%)

   (4) **세부담의 상한**
   ① 개인: 100분의 150
   ② 법인: 세부담 상한 없음

4. 토지에 대한 과세

1. 납세의무자

구 분	납세의무자
① 종합합산과세대상	국내에 소재하는 해당 과세대상 토지의 공시가격을 합한 금액이 **5억원을 초과**하는 자
② 별도합산과세대상	국내에 소재하는 해당 과세대상 토지의 공시가격을 합한 금액이 **80억원을 초과**하는 자

2. 과세표준

구 분	과세표준
① 종합합산과세대상	(인별 해당 토지의 공시가격을 합산한 금액 − 5억원) × 공정시장가액비율(100%)
② 별도합산과세대상	(인별 해당 토지의 공시가격을 합산한 금액 − 80억원) × 공정시장가액비율(100%)

① 또는 ②의 금액이 '영(0)'보다 작은 경우에는 '영(0)'으로 본다.

3. 세율 및 세액

(1) 종합합산대상인 토지

① **토지분 종합합산세액**: 1% ~ 3% 3단계 초과누진세율

② **재산세액 공제**: 적용된 세액, 적용받은 세액

(2) 별도합산대상인 토지

① **토지분 별도합산세액**: 0.5% ~ 0.7% 3단계 초과누진세율

② **재산세액 공제**: 적용된 세액, 적용받은 세액

(3) 세부담 상한

① **종합합산과세대상인 경우**: 150%

② **별도합산과세대상인 경우**: 150%

5. 종합부동산세 신고 · 납부 등

1. 부과 · 징수 등

(1) 원 칙

① 관할세무서장은 납부하여야 할 종합부동산세의 세액을 결정하여 해당 연도 12월 1일부터 12월 15일("납부기간"이라 한다)까지 부과 · 징수한다.

② 관할세무서장은 종합부동산세를 징수하려면 납부고지서에 주택 및 토지로 구분한 과세표준과 세액을 기재하여 납부기간 개시 5일 전까지 발급하여야 한다.

(2) 예외: 선택적 신고 · 납부(12월 1일 ~ 12월 15일)

① 무신고 가산세: ×

② 과소신고 가산세: ○

③ 납부지연가산세: ○

2. 물납 → 폐지(2016.03.02.)

3. 분 납

(1) 납부하여야 할 세액이 **250만원을 초과**하는 경우

(2) **납부기한이 지난 날부터 6개월 이내**

(3) 종합부동산세 분납

구 분	분납대상 세액
납부하여야 할 세액이 250만원 초과 5백만원 이하인 때	해당 세액에서 250만원을 차감한 금액
납부하여야 할 세액이 5백만원을 초과하는 때	해당 세액의 100분의 50 이하의 금액

4. 부가세: 농어촌특별세(20%)

5. 납세지

(1) 개인: 「**소득세법**」 규정을 **준용(주소지 관할 세무서)**

(2) 법인: 「**법인세법**」 규정을 **준용(본점 · 주사무소 소재지)**

6. 비과세 등

(1) 「지방세특례제한법」 또는 「조세특례제한법」에 의한 **재산세의 비과세 · 과세면제 또는 경감**에 관한 규정("재산세의 감면규정"이라 함)은 종합부동산세를 부과하는 경우에 **준용**한다.

(2) 「지방세특례제한법」에 따른 시 · 군의 감면조례에 의한 **재산세의 감면규정**은 종합부동산세를 부과하는 경우에 **준용**한다.

지피지기

1. [㉠ 회원제 골프장용 토지(회원제 골프장업의 등록시 구분등록의 대상이 되는 토지), ㉡ 분리과세대상 토지, ㉢「자연공원법」에 따라 지정된 공원자연환경지구의 임야, ㉣ 공장용 건축물, ㉤ 상가 건물]에 대해서는 종합부동산세를 과세하지 아니한다.

2. 「근현대문화유산의 보존 및 활용에 관한 법률」에 따른 등록문화유산에 해당하는 주택은 [㉠ 합산의 대상이 되는 주택의 범위에 포함되지 않는 것으로 본다, ㉡ 1세대가 소유한 주택 수에서 제외한다].

3. 대통령령으로 정하는 1세대 1주택자(공동명의 1주택자 제외)의 경우 주택에 대한 종합부동산세의 과세표준은 납세의무자별로 [㉠ 주택의 공시가격을 합산한 금액에서 12억원을 공제한 금액에 100분의 60을 곱한 금액, ㉡ 주택의 공시가격을 합산한 금액에서 6억원을 공제한 금액에서 다시 3억원을 공제한 금액에 공정시장가액비율을 곱한 금액]으로 한다. 다만, 그 금액이 영보다 작은 경우에는 영으로 본다.
4. 1세대 1주택자에 대하여는 주택분 종합부동산세 산출세액에서 소유자의 연령과 주택 보유기간에 따른 공제액을 공제율 합계 [㉠ 100분의 70, ㉡ 100분의 80]의 범위에서 중복하여 공제한다.
5. 공동명의 1주택자인 경우 주택에 대한 종합부동산세의 과세표준은 주택의 [㉠ 시가, ㉡ 공시가격]를(을) 합산한 금액에서 [㉢ 0원, ㉣ 9억원, ㉤ 11억원, ㉥ 12억원]을 공제한 금액에 [㉦ 100분의 50, ㉧ 100분의 60, ㉨ 100분의 100]을 한도로 공정시장가액비율을 곱한 금액으로 한다.

6. 과세기준일 현재 토지분 재산세의 납세의무자로서 국내에 소재하는 종합합산과세대상 토지의 공시가격을 합한 금액이 [㉠ 5억원, ㉡ 80억원]을 초과하는 자는 해당 토지에 대한 종합부동산세를 납부할 의무가 있다.
7. 토지분 재산세의 납세의무자로서 종합합산과세대상 토지의 공시가격을 합한 금액이 [㉠ 5억원인 자, ㉡ 5억원을 초과하는 자]는 종합부동산세를 납부할 의무가 있다.

8. 주택분 종합부동산세액에서 공제되는 재산세액은 재산세 표준세율의 100분의 50의 범위에서 가감된 세율이 적용된 경우에는 그 세율이 [㉠ 적용되기 전의 세액, ㉡ 적용된 세액]으로 한다.
9. 종합합산과세대상 토지의 재산세로 부과된 세액이 세부담상한을 적용받는 경우 그 상한을 [㉠ 적용받기 전의 세액, ㉡ 적용받은 세액]을 종합합산과세대상 토지분 종합부동산세액에서 공제한다.
10. 별도합산과세대상인 토지의 과세표준 금액에 대하여 해당 과세대상 토지의 토지분 재산세로 부과된 세액(「지방세법」에 따라 가감조정된 세율이 적용된 경우에는 그 세율이 [㉠ 적용되기 전의 세액, ㉡ 적용된 세액], 같은 법에 따라 세부담 상한을 적용받은 경우에는 그 상한을 [㉢ 적용받기 전의 세액, ㉣ 적용받은 세액]을 말한다)은 토지분 별도합산세액에서 이를 공제한다.

11. 종합부동산세를 신고납부방식으로 납부하고자 하는 납세의무자는 종합부동산세의 과세표준과 세액을 해당 연도 [㉠ 9월 16일부터 9월 30일까지, ㉡ 11월 16일부터 11월 30일까지, ㉢ 12월 1일부터 12월 15일까지] 관할세무서장에게 신고하여야 한다.
12. 관할세무서장은 종합부동산세를 징수하려면 납부고지서에 주택 및 토지로 [㉠ 구분, ㉡ 합산]한 과세표준과 세액을 기재하여 납부기간 개시 5일 전까지 발급하여야 한다.

13. 관할세무서장은 종합부동산세로 납부하여야 할 세액이 [㉠ 200만원, ㉡ 250만원]을 초과하는 경우에는 대통령령으로 정하는 바에 따라 그 세액의 일부를 납부기한이 지난 날부터 6개월 이내에 분납하게 할 수 있다.

14. 종합부동산세는 물납이 [㉠ 허용된다, ㉡ 허용되지 않는다].

15. 납세의무자가 법인으로 보지 않는 단체인 경우 주택에 대한 종합부동산세 납세지는 [㉠ 주소지, ㉡ 주택의 소재지]이다.

16. 종합부동산세의 과세기준일은 [㉠ 매년 6월 1일, ㉡ 매년 7월 1일]로 한다.

17. 납세자에게 부정행위가 없으며 특례제척기간에 해당하지 않는 경우, 원칙적으로 납세의무 성립일부터 [㉠ 3년, ㉡ 5년]이 지나면 종합부동산세를 부과할 수 없다.
18. 종합부동산세의 경우 부과제척기간의 기산일은 [㉠ 납세의무 성립일, ㉡ 과세기준일, ㉢ 매년 6월 1일, ㉣ 과세표준과 세액에 대한 신고기한의 다음 날]이다.

Chapter 08

조세총론

1. 과세주체(과세권자)에 따른 분류

조세(세금)	국 세	–	종합부동산세, 소득세(양도소득세)
	지방세	도세(특별시 · 광역시 · 도)	취득세
		시 · 군세(시 · 군 · 구)	재산세

cf **등록면허세**: 도세, 구세
① 도: 도청
② 특별시 · 광역시: 구청

2. 납세의무의 성립: 추상적

1. 국세의 납세의무 성립시기(본세 = 부가세)

① 소득세	과세기간이 끝나는 때 = 지방소득세 성립시기
② 종합부동산세	과세기준일(매년 6월 1일) = 농어촌특별세 성립시기

2. 지방세의 납세의무 성립시기(본세 = 부가세)

① 취득세	과세물건을 취득하는 때
② 등록면허세	재산권과 그 밖의 권리를 등기하거나 등록하는 때
③ 재산세	과세기준일(매년 6월 1일) = 지방교육세 성립시기

3. 납세의무의 확정: 구체적

과세권자(= 과세관청)	국 세	정부부과제도	종합부동산세(원칙)
	지방세	보통징수	재산세
↓↑			
납세자	국 세	신고납세제도	소득세(양도소득세), 종합부동산세(선택)
	지방세	신고납부	취득세, 등록면허세

4. 납부의무의 소멸 ⓒⓕ 납세자의 사망 ×

① 납 부	세액을 국고에 납입하는 것
② 충 당	납부할 국세 등과 국세환급금을 상계, 공매대금으로 체납액에 충당
③ 부과가 취소된 때	부과철회 ×
④ 부과할 수 있는 기간에 부과되지 아니하고 그 기간이 끝난 때 (제척기간 만료)	㉠ **국세 부과의 제척기간** ⓐ 상속세와 증여세: 10년, 15년 ⓑ 일반적인 세목(상속세와 증여세 이외): 5년, 7년(무신고), 10년(사기) ㉡ **지방세** 부과의 제척기간: 5년, 7년(무신고), 10년(사기)
⑤ 징수권의 소멸시효가 완성된 때	㉠ **국세 소멸시효** ⓐ 5억원 이상의 국세: 10년 ⓑ ⓐ 외(5억원 미만)의 국세: 5년 ㉡ **지방세 소멸시효** ⓐ 5천만원 이상의 지방세: 10년 ⓑ ⓐ 외(5천만원 미만)의 지방세: 5년

지피지기

1. 양도소득세 예정신고 납세의무의 확정은 [㉠ 납세의무자의 신고, ㉡ 관할세무서장의 결정]에 의한다.
2. 종합부동산세를 신고납부방식으로 납부하고자 하는 경우 과세표준과 세액을 해당 연도 12월 1일부터 12월 15일까지 관할 세무서장에게 신고하는 때에 종합부동산세 납세의무는 [㉠ 확정된다, ㉡ 확정되지 아니한다].
3. 납세자가 법정신고기한까지 소득세의 과세표준신고서를 제출하지 아니하여 해당 지방소득세를 부과할 수 없는 경우에 지방세 부과 제척기간은 [㉠ 5년, ㉡ 7년, ㉢ 10년]이다.
4. 납세자에게 부정행위가 없으며 특례제척기간에 해당하지 않는 경우, 원칙적으로 [㉠ 납세의무 성립일, ㉡ 신고기한의 다음 날]부터 [㉢ 5년, ㉣ 7년, ㉤ 10년]이 지나면 종합부동산세를 부과할 수 없다.

5. 조세(국세 · 지방세)와 다른 채권의 관계

1. 조세(국세 · 지방세)와 피담보채권의 우선관계

① 저당권 　 법정기일 　 ② 저당권

2. 다만, "**그 재산에 대하여 부과된 조세**"는 언제나 조세가 우선한다.

= 법정기일 전에 설정된 **피담보채권보다 우선하는 조세**

= **당해세**

① 국세: 상속세, 증여세, 종합부동산세

② 지방세: 재산세, 지역자원시설세(소방분에 대한 지역자원시설세만 해당한다), 지방교육세(재산세와 자동차세에 부가되는 지방교육세만 해당한다)

사례 **재산세 고지서**(건축물)

세 목	**납기 내 금액**(7월 31일)	**납기 후 금액**(8월 31일)
재산세	XXX	XXX
도시지역분	XXX	XXX
(소방분)**지역자원시설세**	XXX	XXX
지방교육세	XXX	XXX
세액합계	XXX	XXX

지피지기

1. 재산의 매각대금 배분시 당해 재산에 부과된 [㉠ 종합부동산세, ㉡ 취득세에 부가되는 지방교육세, ㉢ 등록면허세]는 당해 재산에 설정된 전세권에 따라 담보된 채권보다 우선한다.
2. 재산의 매각대금 배분시 당해 재산에 부과된 [㉠ 재산세, ㉡ 소방분에 대한 지역자원시설세, ㉢ 부동산임대에 따른 종합소득세]는 당해 재산에 설정된 저당권에 따라 담보된 채권보다 우선한다.

6. 거래 단계별 조세

취 득	보 유	양 도
취득세 ① 농어촌특별세(10%, 20%) ② 지방교육세(20%)	재산세 지방교육세(20%)	양도소득세 농어촌특별세(20%)
등록면허세 ① 지방교육세(20%) ② 농어촌특별세(20%)	종합부동산세 농어촌특별세(20%)	**지방소득세**(독립세)
농어촌특별세	**농어촌특별세**	**농어촌특별세**
부가가치세	**부가가치세**	**부가가치세**
인지세(국세)	–	**인지세(국세)**
상속세	–	–
증여세	–	–
–	**종합소득세** (부동산임대업)	**종합소득세** (부동산매매업)
–	**지방소득세**(독립세) (부동산임대업)	**지방소득세**(독립세) (부동산매매업, 양도)

▎지피지기

1. 농어촌특별세는 [㉠ 취득단계, ㉡ 보유단계, ㉢ 양도단계]에서 부담할 수 있는 국세이다.
2. 지방교육세는 [㉠ 취득단계, ㉡ 보유단계, ㉢ 양도단계]에서 부담할 수 있는 지방세이다.

7. 불 복

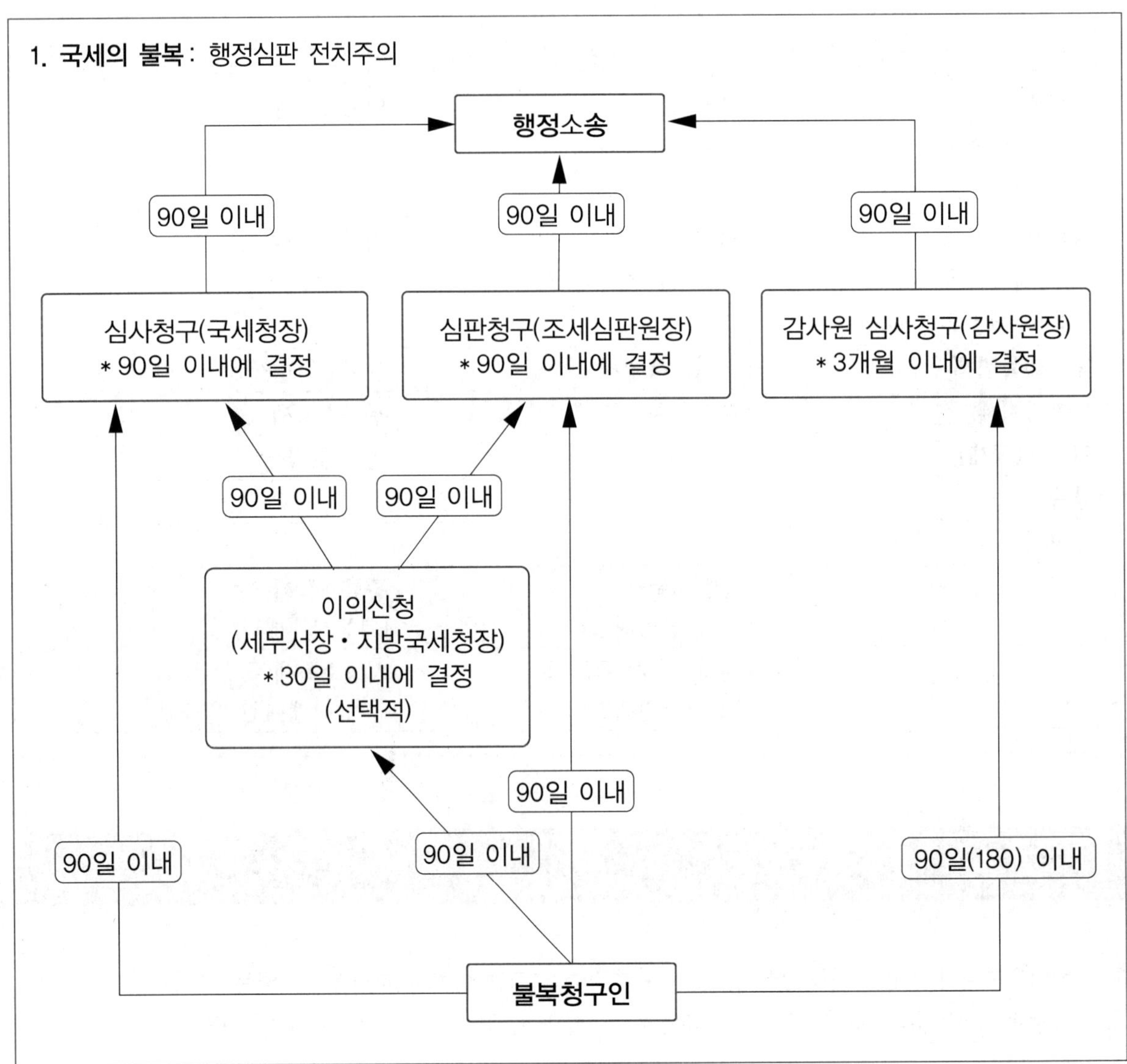
1. 국세의 불복: 행정심판 전치주의
행정소송
90일 이내
90일 이내
90일 이내
심사청구(국세청장)
*90일 이내에 결정
심판청구(조세심판원장)
*90일 이내에 결정
감사원 심사청구(감사원장)
*3개월 이내에 결정
90일 이내
90일 이내
이의신청
(세무서장 · 지방국세청장)
*30일 이내에 결정
(선택적)
90일 이내
90일 이내
90일 이내
90일(180) 이내
불복청구인

2. 지방세의 불복: 행정심판 전치주의 재도입(시·도 심사청구제도 폐지)

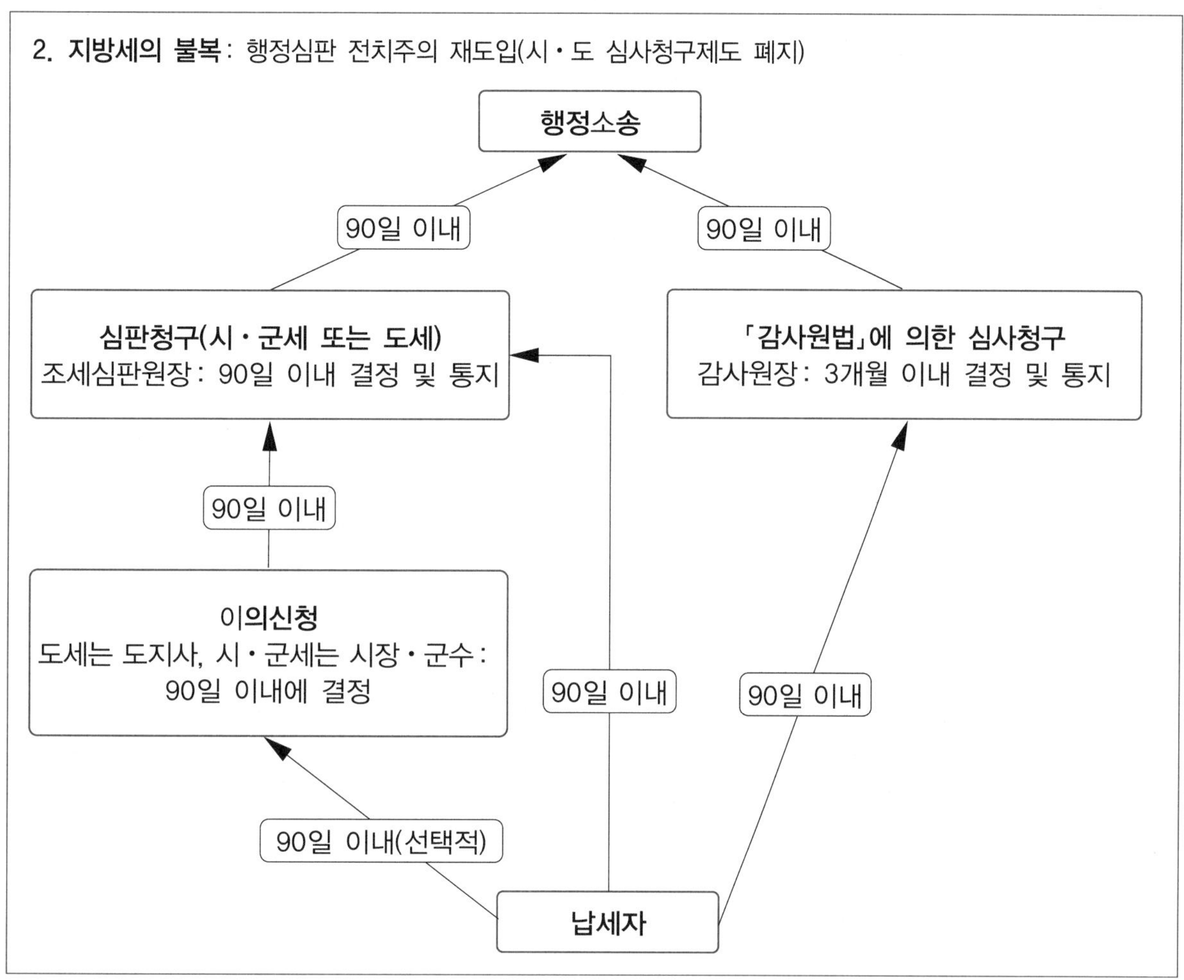

❙ 지피지기

1. 지방세에 관한 불복시 불복청구인은 이의신청을 거치지 않고 심판청구를 제기할 수 [㉠ 없다, ㉡ 있다].
2. 이의신청인은 신청금액이 2천만원 미만인 경우에는 그의 배우자, 4촌 이내의 혈족 또는 그의 배우자의 4촌 이내 혈족을 대리인으로 선임할 수 [㉠ 있다, ㉡ 없다].

지피지기 정답

Chapter

01 소득세

지피지기

1. 양도소득에 대한 과세표준은 종합소득 및 퇴직소득에 대한 과세표준과 [㉠ 구분, ㉡ 합산]하여 계산한다.

2. 부동산임대업에서 발생한 소득은 [㉠ 사업소득, ㉡ 기타소득]에 해당한다.
3. 주택의 임대로 인하여 얻은 과세대상 소득은 [㉠ 사업소득, ㉡ 기타소득]으로서 해당 거주자의 종합소득금액에 합산된다.

4. 주거용 건물 임대업에서 발생한 결손금은 종합소득 과세표준을 계산할 때 [㉠ 공제한다, ㉡ 공제하지 않는다].
5. 해당 과세기간의 주거용 건물 임대업을 제외한 부동산임대업에서 발생한 결손금은 그 과세기간의 종합소득 과세표준을 계산할 때 [㉠ 공제한다, ㉡ 공제하지 않는다].

6. 사업소득에 부동산임대업에서 발생한 소득이 포함되어 있는 사업자는 그 [㉠ 소득별로 구분하여, ㉡ 소득별로 구분하지 않고] 회계처리하여야 한다.

7. 해당 과세기간의 종합소득금액이 있는 거주자(종합소득 과세표준이 없거나 결손금이 있는 거주자를 포함한다)는 그 종합소득 과세표준을 그 과세기간의 다음 연도 5월 1일부터 5월 31일까지 대통령령으로 정하는 바에 따라 납세지 관할 세무서장에게 신고하여야 하며, 해당 과세기간에 분리과세 주택임대소득이 있는 경우에도 이를 [㉠ 적용한다, ㉡ 적용하지 아니한다].

8. 거주자의 부동산임대업에서 발생하는 사업소득의 납세지는 [㉠ 부동산 소재지, ㉡ 주소지]로 한다.
9. 거주자가 국내 상가건물을 양도한 경우 거주자의 주소지와 상가건물의 소재지가 다르다면 양도소득세 납세지는 [㉠ 거주자의 주소지, ㉡ 상가건물의 소재지]이다.
10. 비거주자가 국내 주택을 양도한 경우 양도소득세 납세지는 [㉠ 비거주자의 국외 주소지, ㉡ 국내 사업장의 소재지]이다.

Chapter
02

소득세(부동산임대업)

지피지기

1. 공익사업과 관련된 지상권의 대여로 인한 소득은 [㉠ 부동산임대업, ㉡ 기타소득]에서 발생한 소득에서 제외한다.
2. 공익사업을 위한 토지 등의 취득 및 보상에 관한 법률에 따른 공익사업과 관련하여 지역권을 대여함으로써 발생하는 소득은 [㉠ 부동산업, ㉡ 기타소득]에서 발생하는 소득으로 한다.

3. 주택 1채만을 소유한 거주자가 과세기간 종료일 현재 기준시가 13억원인 해당 주택을 전세금을 받고 임대하여 얻은 소득에 대해서는 소득세가 [㉠ 과세되지 아니한다, ㉡ 과세된다].
4. 3주택(주택 수에 포함되지 않는 주택 제외) 이상을 소유한 거주자가 주택과 주택부수토지를 임대(주택부수토지만 임대하는 경우 제외)한 경우에는 법령으로 정하는 바에 따라 계산한 금액(간주임대료)을 총수입금액에 [㉠ 산입한다, ㉡ 산입하지 아니한다].
5. 주택 2채를 소유한 거주자가 1채는 월세계약으로 나머지 1채는 전세계약의 형태로 임대한 경우, [㉠ 월세계약에 의하여 받은 임대료, ㉡ 전세계약에 의하여 받은 간주임대료]에 대해서만 소득세가 과세된다.
6. 간주임대료 계산시 3주택 이상 여부 판정에 있어 주택 수에 포함되지 않는 주택이란 주거의 용도로만 쓰이는 면적이 1호 또는 1세대당 [㉠ $40m^2$, ㉡ $60m^2$] 이하인 주택으로서 해당 과세기간의 기준시가가 [㉢ 2억원, ㉣ 3억원] 이하인 주택을 말한다.

7. 임대보증금의 간주임대료를 계산하는 과정에서 금융수익을 차감할 때 그 금융수익은 [㉠ 수입이자와 할인료, ㉡ 수입배당금, ㉢ 유가증권처분이익]으로 한다.

Chapter 03

양도소득세

지피지기

1. 부동산의 취득은 「민법」 등 관계 법령에 따른 등기를 하지 아니한 경우라도 사실상 취득하면 취득한 것으로 [㉠ 본다, ㉡ 보지 아니한다].

2. 직계비속이 권리의 이전에 등기가 필요한 직계존속의 부동산을 서로 교환한 경우 [㉠ 무상, ㉡ 유상]으로 취득한 것으로 본다.

3. 부담부증여시 그 증여가액 중 채무액에 해당하는 부분을 제외한 부분은 「소득세법」상 [㉠ 양도에 해당한다, ㉡ 양도에 해당하지 않는다].

4. 증여자의 채무를 인수하는 부담부증여로 취득한 경우로서 그 채무액에 상당하는 부분을 제외한 나머지 부분의 경우 [㉠ 유상, ㉡ 무상] 취득으로 본다.

5. 증여자가 배우자 또는 직계존비속이 아닌 경우 증여자의 채무를 인수하는 부담부 증여의 경우에는 그 채무액에 상당하는 부분은 부동산 등을 [㉠ 유상, ㉡ 무상]으로 취득하는 것으로 본다.

6. 배우자 간 부담부증여로서 수증자에게 인수되지 아니한 것으로 추정되는 채무액은 부담부증여의 채무액에 해당하는 부분에서 [㉠ 제외한다, ㉡ 제외하지 아니한다].

7. 거주자 甲은 국내에 있는 양도소득세 과세대상 X토지를 2016년 시가 1억원에 매수하여 2025년 배우자 乙에게 증여하였다. X토지에는 甲의 금융기관 차입금 5천만원에 대한 저당권이 설정되어 있었으며 乙이 이를 인수한 사실은 채무부담계약서에 의하여 확인되었다. X토지의 증여가액과 증여시 「상속세 및 증여세법」에 따라 평가한 가액(시가)은 각각 2억원이었다.
   ① 乙이 인수한 채무 5천만원에 해당하는 부분은 [㉠ 양도, ㉡ 증여]로 본다.
   ② 양도로 보는 부분의 취득가액은 [㉠ 2천5백만원, ㉡ 1억원]이다.
   ③ 양도로 보는 부분의 양도가액은 [㉠ 5천만원, ㉡ 2억원]이다.

8. 본인 소유자산을 경매 · 공매로 인하여 자기가 재취득하는 경우 「소득세법」상 [㉠ 양도에 해당한다, ㉡ 양도에 해당하지 않는다].

9. 매매원인 무효의 소에 의하여 그 매매사실이 원인무효로 판시되어 환원될 경우 「소득세법」상 [㉠ 양도에 해당한다, ㉡ 양도에 해당하지 않는다].

▌지피지기

1. 거주자가 국내 자산 중 [㉠ 지역권, ㉡ 지상권, ㉢ 전세권]을 양도한 경우 양도소득세가 과세된다.

2. 거주자가 국내 자산 중 [㉠ 등기된 부동산임차권, ㉡ 등기되지 않은 부동산임차권]을 양도한 경우 양도소득세가 과세된다.

3. 거주자가 국내 자산 중 [㉠ 영업권(사업용 고정자산과 분리되어 양도되는 것), ㉡ 사업용 건물과 함께 양도하는 영업권]을 양도한 경우 양도소득세가 과세된다.

4. 토지 및 건물과 함께 양도하는 「개발제한구역의 지정 및 관리에 관한 특별조치법」에 따른 이축권(해당 이축권 가액을 대통령령으로 정하는 방법에 따라 [㉠ 별도로 평가하여 신고하지 않음, ㉡ 별도로 평가하여 신고함])은 양도소득세 과세대상에 해당한다.

▌지피지기

1. 대금을 청산한 날이 분명하지 아니한 경우 [㉠ 등기부·등록부 또는 명부 등에 기재된 등기·등록접수일 또는 명의개서일, ㉡ 계약일부터 60일이 경과한 날]을 「소득세법」상 양도차익 계산시 취득 및 양도시기로 한다.
2. 대금을 청산하기 전에 소유권이전등기(등록 및 명의개서 포함)를 한 경우 [㉠ 등기부·등록부 또는 명부 등에 기재된 등기접수일, ㉡ 사실상 대금을 청산한 날]을 「소득세법」상 양도차익 계산시 취득 및 양도시기로 한다.

3. 기획재정부령이 정하는 장기할부조건의 경우에는 소유권이전등기(등록 및 명의개서를 포함)접수일·인도일 또는 사용수익일 중 [㉠ 빠른 날, ㉡ 늦은 날]을 「소득세법」상 양도차익 계산시 취득 및 양도시기로 한다.

4. 자기가 건설한 건축물에 있어서 건축허가를 받지 아니하고 건축하는 건축물은 [㉠ 추후 사용승인 또는 임시사용승인을 받는 날, ㉡ 사실상의 사용일]을 「소득세법」상 양도차익 계산시 취득시기로 한다.

5. 상속에 의하여 취득한 자산에 대하여는 [㉠ 그 상속이 개시된 날, ㉡ 소유권이전등기일]을 「소득세법」 상 양도차익 계산시 취득시기로 한다.

6. 「도시개발법」에 따른 환지처분으로 교부받은 토지의 면적이 환지처분에 의한 권리면적보다 증가한 경우 그 증가된 면적의 토지에 대한 취득시기는 [㉠ 환지처분의 공고가 있은 날, ㉡ 환지처분의 공고가 있은 날의 다음 날]로 한다.

지피지기

1. 양도차익을 실지거래가액에 의하는 경우 양도가액에서 공제할 취득가액은 그 자산에 대한 감가상각비로서 각 과세기간의 사업소득금액을 계산하는 경우 필요경비에 산입한 금액이 있을 때에는 이를 [㉠ 공제한 금액, ㉡ 공제하지 않은 금액]으로 한다.
2. 취득원가에 현재가치할인차금이 포함된 양도자산의 보유기간 중 사업소득금액 계산시 필요경비로 산입한 현재가치할인차금상각액은 양도차익을 계산할 때 양도가액에서 공제할 필요경비로 [㉠ 본다, ㉡ 보지 아니한다].
3. 「소득세법」 제97조 제3항에 따른 취득가액을 계산할 때 감가상각비를 공제하는 것은 [㉠ 취득가액을 실지거래가액으로 하는 경우, ㉡ 취득가액을 환산가액으로 하는 경우] 적용한다.

4. 취득가액을 실지거래가액에 의하는 경우 자본적지출액은 그 지출에 관한 증명서류를 수취・보관한 경우 [㉠ 또는, ㉡ 와] 실제 지출사실이 금융거래 증명서류에 의하여 확인되는 경우 필요경비로 인정한다.

5. 특수관계인 간의 거래가 아닌 경우로서 취득가액인 실지거래가액을 인정 또는 확인할 수 없어 그 가액을 추계결정 또는 경정하는 경우에는 [㉠ 매매사례가액, 감정가액, 기준시가, ㉡ 매매사례가액, 감정가액, 환산취득가액, 기준시가]의 순서에 따라 적용한 가액에 의한다.

6. 등기된 토지를 양도한 경우 취득가액을 환산취득가액으로 하는 경우 [㉠ 취득당시, ㉡ 양도당시] 개별공시지가에 3/100을 곱한 금액이 필요경비에 포함된다.

7. 추계방법에 의한 취득가액을 환산취득가액으로 하는 경우 양도소득세 부담을 최소화하기 위한 양도차익 계산시 (환산취득가액 + 필요경비개산공제)와 (자본적지출액 + 양도비) 중 [㉠ 큰, ㉡ 작은] 금액을 필요경비로 한다.

8. 「소득세법」상 거주자 甲이 2020년 5월 2일 취득하여 2025년 3월 20일 등기한 상태로 양도한 건물에 대한 자료이다. 甲의 양도소득세 부담을 최소화하기 위한 양도차익은 [㉠ 1억4천만원, ㉡ 1억4천7백만원]이다.

> ㉠ 취득과 양도당시 실지거래가액은 확인되지 않는다.
> ㉡ 취득당시 매매사례가액과 감정가액은 없으며, 기준시가는 1억원이다.
> ㉢ 양도당시 매매사례가액은 3억원이고 감정가액은 없으며, 기준시가는 2억원이다.
> ㉣ 자본적 지출액(본래의 용도를 변경하기 위한 개조비)은 1억4천만원, 양도비 지출액(공증비용・인지대・소개비)은 2천만원이다.

9. 다음은 거주자가 국내소재 1세대 1주택을 양도한 내용이다. 양도차익은 [㉠ 87,900,000원, ㉡ 439,500,000원]이다.

(1) 취득 및 양도 내역(등기됨)

구 분	가 액		거래일자
	실지거래가액	기준시가	
양 도	15억원	5억원	2025. 3. 2.
취 득	확인 불가능	3억 5천만원	2017. 2. 4.

(2) 자본적 지출 및 양도비용은 1천 7백만원이다.
(3) 주어진 자료 외는 고려하지 않는다.

지피지기

1. 「소득세법」 제104조 제3항에 따른 미등기 양도자산에 대하여는 장기보유특별공제를 [㉠ 적용하지 아니한다, ㉡ 적용한다].
2. 장기보유특별공제액은 건물의 [㉠ 양도가액, ㉡ 양도차익]에 보유기간별 공제율을 곱하여 계산한다.
3. 보유기간이 17년인 등기된 상가건물의 장기보유특별공제 보유기간별 공제율은 [㉠ 100분의 30, ㉡ 100분의 34]이다.
4. 소득세법령상 1세대 1주택자인 거주자 甲이 국내소재 등기된 주택(보유기간 및 거주기간 각각 5년)을 25억원에 양도한 경우 장기보유특별공제율은 [㉠ 40%, ㉡ 20%, ㉢ 10%]이다.

5. 양도소득금액을 계산할 때 부동산을 취득할 수 있는 권리에서 발생한 양도차손은 토지에서 발생한 양도소득금액에서 공제할 수 [㉠ 없다, ㉡ 있다].
6. 부동산에 관한 권리의 양도로 발생한 양도차손은 토지의 양도에서 발생한 양도소득금액에서 공제할 수 [㉠ 없다, ㉡ 있다].
7. 토지의 양도로 발생한 양도차손은 동일한 과세기간에 전세권의 양도로 발생한 양도소득금액에서 공제할 수 [㉠ 없다, ㉡ 있다].

▎지피지기

1. 보유기간이 2년 6개월인 「소득세법」에 따른 분양권을 양도한 경우 양도소득 과세표준에 적용되는 세율은 [㉠ 100분의 40, ㉡ 100분의 50, ㉢ 100분의 60, ㉣ 100분의 70, ㉤ 6~45%]이다.
2. 보유기간이 10개월인 「소득세법」에 따른 분양권을 양도한 경우 양도소득 과세표준에 적용되는 세율은 [㉠ 100분의 40, ㉡ 100분의 50, ㉢ 100분의 60, ㉣ 100분의 70, ㉤ 6~45%]이다.

3. 보유기간이 1년 미만인 조합원입주권을 양도한 경우 양도소득 과세표준에 적용되는 세율은 [㉠ 100분의 40, ㉡ 100분의 50, ㉢ 100분의 60, ㉣ 100분의 70, ㉤ 6~45%]이다.
4. 보유기간이 1년 10개월인 「소득세법」에 따른 조합원입주권을 양도한 경우 양도소득 과세표준에 적용되는 세율은 [㉠ 100분의 40, ㉡ 100분의 50, ㉢ 100분의 60, ㉣ 100분의 70, ㉤ 6~45%]이다.

5. 6개월 보유한 등기된 1주택을 양도한 경우 양도소득 과세표준에 적용되는 세율은 [㉠ 100분의 40, ㉡ 100분의 50, ㉢ 100분의 60, ㉣ 100분의 70, ㉤ 6~45%]이다.
6. 1년 6개월 보유한 등기된 1주택에 대한 양도소득 과세표준의 세율은 [㉠ 100분의 40, ㉡ 100분의 50, ㉢ 100분의 60, ㉣ 100분의 70, ㉤ 6~45%]이다.

7. 보유기간이 6개월인 등기된 상가건물을 양도한 경우 양도소득 과세표준에 적용되는 세율은 [㉠ 100분의 40, ㉡ 100분의 50, ㉢ 100분의 60, ㉣ 100분의 70, ㉤ 6~45%]이다.
8. 보유기간이 1년 이상 2년 미만인 등기된 상업용 건물을 양도한 경우 양도소득 과세표준에 적용되는 세율은 [㉠ 100분의 40, ㉡ 100분의 50, ㉢ 100분의 60, ㉣ 100분의 70, ㉤ 6~45%]이다.
9. 2년 1개월 보유한 등기된 상가건물에 대한 양도소득 과세표준의 세율은 [㉠ 100분의 40, ㉡ 100분의 50, ㉢ 100분의 60, ㉣ 100분의 70, ㉤ 6~45%]이다.

지피지기

1. 미등기양도자산의 양도소득금액 계산시 [㉠ 장기보유특별공제, ㉡ 양도소득기본공제]를 적용할 수 없다.
2. 미등기양도자산의 양도소득세율은 양도소득 [㉠ 과세표준, ㉡ 산출세액]의 100분의 70이다.
3. 법원의 결정에 의하여 양도당시 그 자산의 취득에 관한 등기가 불가능한 자산은 「소득세법」상 [㉠ 미등기양도자산, ㉡ 미등기양도제외자산]이다.
4. 「도시개발법」에 따른 도시개발사업이 종료되지 아니하여 토지 취득등기를 하지 아니하고 양도하는 토지는 미등기양도자산에 [㉠ 해당하지 않는다, ㉡ 해당한다].
5. 건설사업자가 「도시개발법」에 따라 공사용역 대가로 취득한 체비지를 토지구획환지처분공고 전에 양도하는 토지는 미등기양도자산에 [㉠ 해당하지 않는다, ㉡ 해당한다].

지피지기

1. 토지 또는 건물을 양도한 경우에는 그 양도일이 속하는 [㉠ 달의, ㉡ 분기의] 말일부터 2개월 이내에 양도소득 과세표준을 예정신고해야 한다.
2. 2025년 9월 8일에 주택을 양도하고 잔금을 청산한 경우 [㉠ 2025년 11월 8일, ㉡ 2025년 11월 30일]까지 양도소득 과세표준을 예정신고해야 한다.
3. 법령에 따른 부담부증여의 채무액에 해당하는 부분으로서 양도로 보는 경우 그 양도일이 속하는 달의 말일부터 [㉠ 2개월, ㉡ 3개월] 이내에 양도소득 과세표준을 납세지 관할 세무서장에게 신고하여야 한다.
4. [㉠ 양도차익이 없거나, ㉡ 양도차손]이 발생한 경우에도 양도소득 과세표준의 예정신고를 하여야 한다.
5. 예정신고를 한 자는 해당 소득에 대한 확정신고를 [㉠ 하지 아니할 수 있다, ㉡ 하여야 한다].
6. 당해연도에 누진세율의 적용대상 자산에 대한 예정신고를 2회 이상 한 자가 법령에 따라 이미 신고한 양도소득금액과 합산하여 신고하지 아니한 경우에는 양도소득 과세표준의 확정신고를 [㉠ 하여야 한다, ㉡ 해야 한다].

7. 건물을 신축하고 그 신축한 건물의 취득일부터 5년 이내에 해당 건물을 양도하는 경우로서 취득 당시의 실지거래가액을 확인할 수 없어 환산가액을 그 취득가액으로 하는 경우에는 양도소득세 [㉠ 산출세액, ㉡ 환산취득가액]의 100분의 5에 해당하는 금액을 양도소득 결정세액에 더한다.
8. 건물을 신축하고 그 취득일부터 3년 이내에 양도하는 경우로서 감정가액을 취득가액으로 하는 경우에는 그 감정가액의 [㉠ 100분의 3, ㉡ 100분의 5]에 해당하는 금액을 양도소득 결정세액에 가산한다.

9. 예정신고 · 납부시 납부할 세액이 2천만원인 경우 분납할 수 [㉠ 없다, ㉡ 있다].
10. 예정신고납부할 세액이 1천 5백만원인 자는 [㉠ 1천만원을 초과하는 금액, ㉡ 그 세액의 100분의 50 이하의 금액]을 납부기한이 지난 후 2개월 이내에 분할납부할 수 있다.
11. 예정신고납부할 세액이 2천만원을 초과하는 때에는 [㉠ 1천만원을 초과하는 금액, ㉡ 그 세액의 100분의 50 이하의 금액]을 납부기한이 지난 후 2개월 이내에 분할납부할 수 있다.

▌지피지기

1. 국외자산 양도시 양도소득세의 납세의무자는 국외자산의 양도일까지 계속하여 [㉠ 3년간, ㉡ 5년간] 국내에 주소를 둔 거주자이다.

2. 국외자산 양도로 발생하는 소득이 환율변동으로 인하여 외화차입금으로부터 발생하는 환차익을 포함하고 있는 경우에는 해당 환차익을 양도소득의 범위에서 [㉠ 제외, ㉡ 포함]한다.

3. 국외에 있는 부동산에 관한 권리로서 미등기 양도자산의 양도로 발생하는 소득은 양도소득의 범위에 [㉠ 포함된다, ㉡ 포함하지 아니한다].
4. 국외 양도자산이 부동산임차권인 경우 등기여부와 관계없이 양도소득세가 [㉠ 과세된다, ㉡ 과세되지 아니한다].

5. 국외자산의 양도가액은 [㉠ 실지거래가액, ㉡ 양도당시 현황을 반영한 시가, ㉢ 외국정부의 평가가액]으로 하는 것이 원칙이다.

6. 국외토지의 양도에 대한 양도소득세를 계산하는 경우에는 [㉠ 장기보유 특별공제액, ㉡ 양도소득기본공제액]은 공제하지 아니한다.
7. 해당 과세기간에 다른 자산의 양도가 없을 경우 국외토지의 양도에 대한 양도소득이 있는 거주자에 대해서는 해당 과세기간의 양도소득금액에서 연 250만원을 [㉠ 공제한다, ㉡ 공제하지 아니한다].

❙ 지피지기

1. 국가가 소유하는 토지와 분합하는 농지로서 분합하는 쌍방 토지가액의 차액이 가액이 큰 편의 [㉠ 4분의 1, ㉡ 3분의 1] [㉢ 초과, ㉣ 이하]인 경우 분합으로 발생하는 소득은 양도소득세가 비과세 된다.

2. 「소득세법」상 거주자의 국내 소재 1세대 1주택인 "고가주택"이란 양도당시 [㉠ 기준시가, ㉡ 실지거래가액의 합계액]이 12억원을 초과하는 주택을 말한다.
3. 법령에 따른 1세대 1주택 비과세에 해당하는 고가주택에 해당하는 자산의 양도차익은 소득세법 제95조 제1항에 따른 양도차익에 "양도가액에서 12억원을 차감한 금액이 [㉠ 양도가액, ㉡ 양도차익]에서 차지하는 비율"을 곱하여 산출한다.
4. 1세대 1주택 비과세 요건을 충족하는 고가주택의 양도가액이 15억원이고 양도차익이 5억원인 경우 양도소득세가 과세되는 양도차익은 [㉠ 3억원, ㉡ 1억원]이다.

5. 소득세법령상 1세대 1주택자인 거주자 甲이 2025년 양도한 국내소재 A주택(조정대상지역이 아니며 등기됨)에 대한 양도소득과세표준은 [㉠ 153,500,000원, ㉡ 297,500,000원]이다(단, 2025년에 A주택 외 양도한 자산은 없으며, 법령에 따른 적격증명서류를 수취・보관하고 있고 주어진 조건 이외에는 고려하지 않음).

구 분	기준시가	실지거래가액
양도시	18억원	25억원
취득시	13억5천만원	19억5천만원
추가사항	• 양도비 및 자본적지출액: 5천만원 • 보유기간 및 거주기간: 각각 5년 • 장기보유특별공제율: 보유기간별 공제율과 거주기간별 공제율은 각각 20%	

6. 1주택을 보유하는 자가 1주택을 보유하는 자와 혼인함으로써 1세대가 2주택을 보유하게 되는 경우 혼인한 날부터 [㉠ 10년, ㉡ 5년] 이내에 먼저 양도하는 주택은 이를 1세대 1주택으로 보아 소득세법 시행령 제154조 제1항을 적용한다.

7. 직장의 변경으로 세대전원이 다른 시로 주거를 이전하는 경우 6개월간 거주한 1주택을 양도하면 [㉠ 비과세, ㉡ 과세]된다.
8. 사업상의 형편으로 인하여 세대전원이 다른 시・군으로 주거를 이전하게 되어 6개월 거주한 주택을 양도하는 경우 보유기간 및 거주기간의 제한을 받지 아니하고 양도소득세가 [㉠ 비과세, ㉡ 과세]된다.

❙ 지피지기

1. 이월과세를 적용하는 경우 거주자가 배우자로부터 증여받은 자산에 대하여 납부한 증여세를 필요경비에 [㉠ 산입하지 아니한다, ㉡ 산입한다].

2. 「소득세법」 제97조의2 제1항에 따라 이월과세를 적용받는 경우 장기보유특별공제의 보유기간은 [㉠ 증여자가 그 자산을 취득한 날, ㉡ 증여자가 그 자산을 증여한 날, ㉢ 수증자가 그 자산을 취득한 날]부터 기산한다.
3. 이월과세를 적용하는 경우 장기보유 특별공제액 계산 및 세율 적용시 보유기간은 [㉠ 증여자, ㉡ 수증자]의 취득일부터 양도일까지의 기간으로 한다.
4. 이월과세를 적용하는 경우 양도차익 계산시 양도가액에서 공제할 취득가액은 [㉠ 증여자의 취득가액, ㉡ 증여당시의 가액]이다.

5. 이월과세를 적용하여 계산한 양도소득결정세액이 이월과세를 적용하지 않고 계산한 양도소득결정세액보다 적은 경우에 이월과세를 [㉠ 적용한다, ㉡ 적용하지 아니한다].

❙ 지피지기

1. 거주자가 특수관계인과의 거래(시가와 거래가액의 차액이 5억원임)에 있어서 토지를 시가에 미달하게 양도함으로써 조세의 부담을 부당히 감소시킨 것으로 인정되는 때에는 그 양도가액을 [㉠ 시가, ㉡ 거래가액]에 의하여 계산한다.
2. A법인과 특수관계에 있는 주주가 시가 3억원(「법인세법」 제52조에 따른 시가임)의 토지를 A법인에게 5억원에 양도한 경우 양도가액은 [㉠ 3억원, ㉡ 5억원]으로 본다. 단, A법인은 이 거래에 대하여 세법에 따른 처리를 적절하게 하였다.

3. 특수관계인에게 증여한 자산에 대해 증여자인 거주자에게 양도소득세가 과세되는 경우 수증자가 부담한 증여세 상당액은 [㉠ 양도가액에서 공제할 필요경비에 산입한다, ㉡ 부과를 취소하고 환급한다].
4. 특수관계인에게 증여한 자산에 대해 증여자인 거주자에게 양도소득세가 과세되는 경우 양도소득세 계산시 보유기간은 [㉠ 증여자가 그 자산을 취득한 날, ㉡ 증여자가 그 자산을 증여한 날]부터 수증자의 양도일까지의 기간으로 한다.

Chapter

04 취득세

지피지기

1. 부동산의 취득은 「민법」 등 관계 법령에 따른 등기 · 등록 등을 하지 아니한 경우라도 사실상 취득하면 취득한 것으로 [㉠ 본다, ㉡ 보지 아니한다].

2. 토지의 지목을 사실상 변경함으로써 그 가액이 증가한 경우에는 취득으로 [㉠ 보지 아니한다, ㉡ 본다].

3. 법인설립시 발행하는 주식을 취득함으로써 지방세기본법에 따른 과점주주가 되었을 때에는 그 과점주주가 해당 법인의 부동산 등을 취득한 것으로 [㉠ 본다, ㉡ 보지 아니한다].
4. 과점주주가 아닌 주주가 다른 주주로부터 주식을 취득함으로써 최초로 과점주주가 된 경우 「지방세법」상 간주취득세가 [㉠ 과세된다, ㉡ 과세되지 아니한다].
5. 이미 과점주주가 된 주주가 해당 법인의 주식을 취득하여 해당 법인의 주식의 총액에 대한 과점주주가 가진 주식의 비율이 증가된 경우 「지방세법」상 간주취득세가 [㉠ 과세된다, ㉡ 과세되지 아니한다].

지피지기

1. 건축물 중 조작설비로서 그 주체구조부와 하나가 되어 건축물로서의 효용가치를 이루고 있는 것에 대하여는 주체구조부 취득자 외의 자가 가설한 경우에도 [㉠ 주체구조부의 취득자, ㉡ 주체구조부 취득자 외의 자]가 함께 취득한 것으로 본다.

2. 경매를 통하여 배우자의 부동산을 취득하는 경우에는 [㉠ 유상, ㉡ 무상]으로 취득한 것으로 본다.
3. 직계비속이 공매를 통하여 직계존속의 부동산을 취득하는 경우 [㉠ 유상, ㉡ 무상]으로 취득한 것으로 본다.
4. 직계비속이 직계존속의 부동산을 매매로 취득하는 때에 해당 직계비속의 다른 재산으로 그 대가를 지급한 사실이 입증되는 경우 [㉠ 유상, ㉡ 무상]으로 취득한 것으로 본다.

5. 권리의 이전이나 행사에 등기 또는 등록이 필요한 부동산을 직계존속과 서로 교환한 경우에는 [㉠ 무상, ㉡ 유상]으로 취득한 것으로 본다.

❙ 지피지기

1. 상속으로 인한 취득의 경우에는 [㉠ 상속개시일, ㉡ 소유권이전등기일]이 취득세 납세의무의 성립시기이다.

2. 증여로 인한 승계취득의 경우 해당 취득물건을 등기·등록하더라도 취득일부터 취득일이 속하는 달의 말일부터 3개월 이내에 공증받은 공정증서에 의하여 계약이 해제된 사실이 입증되는 경우에는 [㉠ 취득한 것으로 본다, ㉡ 취득한 것으로 보지 아니한다].
3. 부동산의 증여계약으로 인한 취득에 있어서 소유권이전등기를 하지 않고 계약일부터 계약일이 속하는 달의 말일부터 3개월 이내에 공증받은 공정증서로 계약이 해제된 사실이 입증되는 경우에는 [㉠ 취득한 것으로 본다, ㉡ 취득한 것으로 보지 않는다].
4. 무상승계취득한 과세물건을 취득일에 등기·등록한 후 화해조서·인낙조서에 의하여 취득일부터 취득일이 속하는 달의 말일부터 3개월 이내에 계약이 해제된 사실을 입증하는 경우에는 [㉠ 취득한 것으로 본다, ㉡ 취득한 것으로 보지 아니한다].

5. 유상승계취득의 경우 사실상의 잔금지급일을 확인할 수 있는 때에는 [㉠ 사실상의 잔금지급일, ㉡ 사실상의 잔금지급일과 등기일 중 빠른 날]이 취득세 납세의무의 성립시기이다.

6. 「도시 및 주거환경정비법」에 따른 재건축조합이 재건축사업을 하면서 조합원으로부터 취득하는 토지 중 조합원에게 귀속되지 아니하는 토지를 취득하는 경우에는 같은 법에 따른 [㉠ 소유권이전 고시일, ㉡ 준공인가 고시일의 다음 날, ㉢ 소유권이전 고시일의 다음 날]이 취득세 납세의무의 성립시기이다.

7. 관계법령에 따라 매립·간척 등으로 토지를 원시취득하는 경우 [㉠ 공사준공인가일, ㉡ 취득물건의 등기일]이 「지방세법」상 취득의 시기이다.

8. 토지의 지목변경에 따른 취득은 [㉠ 토지의 지목이 사실상 변경된 날, ㉡ 토지의 지목이 사실상 변경된 날과 공부상 변경된 날 중 빠른 날]을 취득일로 본다. 다만, 토지의 지목변경일 이전에 사용하는 부분에 대해서는 그 사실상의 사용일을 취득일로 본다.

9. 「민법」에 따른 이혼시 재산분할로 인한 부동산 취득의 경우에는 [㉠ 취득물건의 등기일, ㉡ 배우자의 취득일]이 납세의무의 성립시기이다.

❙ 지피지기

1. 취득대금 외에 당사자의 약정에 따른 취득자 조건 부담액과 채무인수액은 사실상 취득가격에 [㉠ 포함한다, ㉡ 포함하지 아니한다].

❙ 지피지기

1. 상속으로 인한 [㉠ 농지, ㉡ 건물] 취득시 취득세 표준세율은 1천분의 23이다.
2. 상속으로 건물(주택 아님)을 취득한 경우 취득세 표준세율은 [㉠ 1천분의 23, ㉡ 1천분의 28]이다.
3. [㉠ 법령으로 정한 비영리사업자, ㉡ 「사회복지사업법」에 따라 설립된 사회복지법인]의 상속 외의 무상취득시 취득세 표준세율은 1천분의 28이다.
4. 등기부등본상 본인 지분을 초과하지 않는 공유물의 분할로 인한 취득시 취득세 표준세율은 [㉠ 1천분의 17, ㉡ 1천분의 23, ㉢ 1천분의 28]이다.
5. 유상거래를 원인으로 농지를 취득한 경우 취득세 표준세율은 [㉠ 1천분의 30, ㉡ 1천분의 40]이다.
6. [㉠ 매매, ㉡ 법인의 합병](으)로 인한 농지 외의 토지 취득시 취득세 표준세율은 1천분의 40이다.
7. 환매등기를 병행하는 부동산의 매매로서 환매기간 내에 매도자가 환매한 경우의 그 매도자와 매수자의 취득에 대한 취득세는 [㉠ 표준세율에서 중과기준세율을 뺀 세율, ㉡ 중과기준세율]로 산출한 금액으로 한다.

지피지기

1. 취득세의 징수는 [㉠ 보통징수, ㉡ 신고납부]의 방법으로 한다.

2. 상속으로 취득세 과세물건을 취득한 국내에 주소를 둔 자는 [㉠ 상속개시일로부터 6개월 이내, ㉡ 상속개시일부터 60일 이내, ㉢ 상속개시일이 속하는 달의 말일부터 6개월 이내]에 과세표준과 세액을 신고·납부하여야 한다.

3. 취득세 과세물건을 취득한 후에 그 과세물건이 중과세율의 적용대상이 되었을 때에는 취득한 날부터 60일 이내에 중과세율을 적용하여 산출한 세액에서 이미 납부한 세액[㉠ 가산세 포함, ㉡ 가산세 제외]을 공제한 금액을 세액으로 하여 신고·납부하여야 한다.
4. 취득세 과세물건을 취득한 후 중과세 대상이 되었을 때에는 [㉠ 표준세율, ㉡ 중과세율]을 적용하여 산출한 세액에서 이미 납부한 세액(가산세는 제외)을 공제한 금액을 세액으로 하여 신고·납부하여야 한다.

5. 신고·납부기한 이내에 재산권과 그 밖의 권리의 취득·이전에 관한 사항을 공부에 등기하거나 등록(등재 포함)하려는 경우에는 [㉠ 등기 또는 등록 신청서를 등기·등록관서에 접수하는 날까지, ㉡ 등기하기 전까지, ㉢ 등기한 후 30일까지] 취득세를 신고·납부하여야 한다.

6. 납세의무자가 취득세 과세물건을 사실상 취득한 후 취득세 신고를 하지 아니하고 매각하는 경우에는 산출세액에 [㉠ 100분의 50, ㉡ 100분의 80]을 가산한 금액을 세액으로 하여 보통징수의 방법으로 징수한다.
7. 지목변경으로 인한 취득세 납세의무자가 신고를 하지 아니하고 매각하는 경우 산출세액에 [㉠ 100분의 80, ㉡ 100분의 20]을 가산한 금액을 세액으로 하여 징수한다(단, 부정행위로 인한 무신고는 아님).
8. 납세의무자가 토지의 지목을 사실상 변경한 후 산출세액에 대한 신고를 하지 아니하고 그 토지를 매각하는 경우에는 산출세액에 [㉠ 100분의 80, ㉡ 100분의 20]을 가산한 금액을 세액으로 하여 징수한다.

9. 토지를 취득한 자가 그 취득한 날부터 [㉠ 1년, ㉡ 5년] 이내에 그에 인접한 토지를 취득한 경우 그 전후의 취득에 관한 토지의 취득을 1건의 토지 취득으로 보아 취득세에 대한 면세점을 적용한다.
10. 토지를 취득한 자가 취득한 날부터 1년 이내에 그에 인접한 토지를 취득한 경우 그 취득가액이 100만원일 때에는 취득세를 [㉠ 부과한다, ㉡ 부과하지 아니한다].

지피지기

1. 대한민국 정부기관의 취득에 대하여 과세하는 외국정부의 취득에 대해서는 취득세를 [㉠ 부과하지 아니한다, ㉡ 부과한다].

2. 지방자치단체에 기부채납을 조건으로 부동산을 취득하는 경우라도 그 반대급부로 기부채납 대상물의 무상사용권을 제공받는 때에는 그 해당 부분에 대해서는 취득세를 [㉠ 부과하지 아니한다, ㉡ 부과한다].
3. 국가에 귀속의 반대급부로 영리법인이 국가 소유의 부동산을 무상으로 양여받는 경우에는 취득세를 [㉠ 부과하지 아니한다, ㉡ 부과한다].

4. 「주택법」에 따른 주택조합이 해당 조합원용으로 조합주택용 부동산을 취득한 경우 취득세를 [㉠ 부과하지 아니한다, ㉡ 부과한다].
5. 「주택법」에 따른 주택조합이 비조합원용 부동산을 취득하는 경우 취득세를 [㉠ 부과하지 아니한다, ㉡ 부과한다].

6. 공사현장사무소 등 임시건축물의 취득에 대하여는 그 존속기간이 [㉠ 1년 이내, ㉡ 1년 초과]인 경우 취득세를 부과하지 아니한다.
7. 영리법인이 취득한 임시흥행장의 존속기간이 [㉠ 1년 이내, ㉡ 1년 초과]인 경우에는 취득세를 부과한다.

8. 「주택법」 제2조 제3호에 따른 공동주택의 개수(「건축법」 제2조 제1항 제9호에 따른 대수선은 제외함)로 인한 취득 중 개수로 인한 취득 당시 「지방세법」 제4조에 따른 주택의 시가표준액이 9억원 이하인 주택과 관련된 개수로 인한 취득에 대해서는 취득세를 [㉠ 부과하지 아니한다, ㉡ 부과한다].

Chapter

05 등록면허세

지피지기

1. 재산권 기타 권리의 설정 · 변경 또는 소멸에 관한 사항을 공부에 [㉠ 등기 또는 등록을 받는 등기 · 등록부상에 기재된 명의자, ㉡ 등기권리자]는 등록면허세를 납부할 의무를 진다.
2. 甲이 乙소유 부동산에 관해 전세권설정등기를 하는 경우 등록면허세의 납세의무자는 [㉠ 전세권자인 甲, ㉡ 전세권설정자인 乙]이다.
3. 甲이 乙소유 부동산에 관해 전세권설정등기를 한 후 丙이 甲으로부터 전세권을 이전받아 등기하는 경우라면 등록면허세의 납세의무자는 [㉠ 丙, ㉡ 甲]이다.

지피지기

1. 부동산의 등록에 대한 등록면허세의 과세표준은 등록자가 신고한 당시의 가액으로 하고, 신고가 없는 경우에는 [㉠ 신고가액, ㉡ 시가표준액의 100분의 110, ㉢ 시가표준액]으로 한다.
2. 부동산의 등록에 대한 등록면허세의 과세표준은 등록자가 신고한 당시의 가액으로 하고, 신고가액이 시가표준액보다 많은 경우에는 [㉠ 신고가액, ㉡ 시가표준액]으로 한다.
3. 등록 당시에 감가상각의 사유로 그 가액이 달라진 경우에는 [㉠ 변경 전 가액, ㉡ 변경된 가액]을 등록면허세 과세표준으로 한다.
4. 채권금액으로 과세액을 정하는 경우에 일정한 채권금액이 없을 때에는 [㉠ 채권의 목적이 된 것의 가액 또는 처분의 제한의 목적이 된 금액, ㉡ 시가표준액]을 그 채권금액으로 본다.

❙지피지기

1. 상속으로 인한 소유권 이전 등기의 등록면허세 세율은 부동산 가액의 [㉠ 1천분의 8, ㉡ 1천분의 15]로 한다.
2. 지역권 설정 및 이전등기의 등록면허세 세율은 요역지 가액의 [㉠ 1천분의 2, ㉡ 1천분의 8]로 한다.
3. 전세권설정등기에 대한 등록면허세의 표준세율은 전세금액의 [㉠ 1,000분의 2, ㉡ 1,000분의 8]이다.
4. 지방자치단체의 장은 등록면허세의 세율을 부동산등기에 대한 표준세율의 [㉠ 100분의 50, ㉡ 100분의 60]의 범위에서 가감할 수 있다.
5. 대도시 밖에 있는 법인의 본점이나 주사무소를 대도시로 전입함에 따른 등기는 법인등기에 대한 세율의 [㉠ 100분의 200, ㉡ 100분의 300]을 적용한다.

❙지피지기

1. 부동산 등기에 대한 등록면허세 납세지는 [㉠ 부동산 소유자의 주소지, ㉡ 부동산 소재지]이다.
2. 부동산 등기에 대한 등록면허세의 납세지는 부동산 소재지로 하며, 납세지가 분명하지 아니한 경우에는 [㉠ 등록관청 소재지, ㉡ 부동산 소유자의 주소지]로 한다.
3. 같은 채권의 담보를 위하여 설정하는 둘 이상의 저당권을 등록하는 경우에는 이를 하나의 등록으로 보아 그 등록에 관계되는 재산을 처음 등록하는 [㉠ 등록관청 소재지, ㉡ 부동산 소유자의 주소지]를 납세지로 한다.
4. 같은 등록에 관계되는 재산이 둘 이상의 지방자치단체에 걸쳐 있어 등록면허세를 지방자치단체별로 부과할 수 없을 때에는 [㉠ 등록관청 소재지, ㉡ 부동산 소유자의 주소지]를 납세지로 한다.

5. 부동산을 등기하려는 자는 과세표준에 세율을 적용하여 산출한 세액을 [㉠ 등기를 하기 전까지, ㉡ 등기한 후 60일 이내에] 납세지를 관할하는 지방자치단체의 장에게 신고·납부하여야 한다.

6. 등록을 하려는 자가 법정신고기한까지 등록면허세 산출세액을 신고하지 않은 경우로서 등록 전까지 그 산출세액을 납부하였을 때에는 신고·납부한 것으로 보고 「지방세기본법」에 따른 [㉠ 무신고가산세가 부과된다, ㉡ 무신고가산세가 부과되지 아니한다].

7. 채권자대위자는 납세의무자를 대위하여 부동산의 등기에 대한 등록면허세를 신고납부할 수 [㉠ 있다, ㉡ 없다].

8. 지방자치단체의 장은 채권자대위자의 부동산의 등기에 대한 등록면허세 신고납부가 있는 경우 [㉠ 채권자대위자, ㉡ 납세의무자]에게 그 사실을 즉시 통보하여야 한다.

❙ 지피지기

1. 등기 담당 공무원의 착오로 인한 지번의 오기에 대한 경정 등기에 대해서는 등록면허세를 [㉠ 부과하지 아니한다, ㉡ 부과한다].

2. 무덤과 이에 접속된 부속시설물의 부지로 사용되는 토지로서 지적공부상 지목이 묘지인 토지에 관한 등기에 대하여는 등록면허세를 [㉠ 부과하지 아니한다, ㉡ 부과한다].

Chapter

06 재산세

지피지기

1. 재산세 과세대상인 건축물의 범위에는 주택을 [㉠ 포함한다, ㉡ 포함하지 아니한다].

2. 주택 부속토지의 경계가 명백하지 아니한 경우 그 주택의 바닥면적의 [㉠ 10배, ㉡ 20배]에 해당하는 토지를 주택의 부속토지로 한다.

3. 주택의 토지와 건물 소유자가 다를 경우 해당 주택에 대한 세율을 적용할 때 해당 주택의 토지와 건물의 가액을 [㉠ 합산, ㉡ 구분]한 과세표준에 주택의 세율을 적용한다.

4. 납세의무자가 해당 지방자치단체 관할구역에 2개 이상의 주택을 소유하고 있는 경우 그 주택의 가액을 [㉠ 합한, ㉡ 구분한] 금액을 과세표준으로 하여 주택의 세율을 적용한다.

5. [㉠ 토지, ㉡ 주택]에 대한 재산세 과세대상은 종합합산과세대상, 별도합산과세대상 및 분리과세대상으로 구분한다.

지피지기

1. 「자연공원법」에 따라 지정된 공원자연환경지구의 임야는 재산세 [㉠ 종합합산, ㉡ 분리]과세대상 토지이다.

❙ 지피지기

1. 토지에 대한 재산세 과세표준은 [㉠ 장부가액, ㉡ 시가표준액에 법령이 정하는 공정시장가액비율을 곱하여 산정한 가액, ㉢ 시가표준액에 100분의 70의 공정시장가액비율을 곱하여 산정한 가액, ㉣ 시가표준액에 공정시장가액비율(100분의 70)을 곱하여 산정한 가액, ㉤ 시가표준액의 100분의 70, ㉥ 개별공시지가의 100분의 70]으로 한다.

2. 주택(법령으로 정하는 1세대 1주택 아님)에 대한 재산세의 과세표준은 [㉠ 시가표준액, ㉡ 시가표준액에 100분의 60의 공정시장가액비율을 곱하여 산정한 가액, ㉢ 시가표준액의 100분의 60]으로 한다.

❙ 지피지기

1. 과세표준이 5천만원인 종합합산과세대상 토지에 적용되는 재산세의 표준세율은 [㉠ 1,000분의 2, ㉡ 1,000분의 5]이다.
2. 과세표준이 2억원인 별도합산과세대상 토지의 재산세 표준세율은 [㉠ 1,000분의 2, ㉡ 1,000분의 4]이다.
3. 과세표준이 1억 5천만원인 주택(법령으로 정하는 1세대 1주택 아님)에 적용되는 재산세의 표준세율은 [㉠ 1,000분의 1, ㉡ 1,000분의 4]이다.

4. 과세표준 20억원인 분리과세대상 목장용지에 적용되는 재산세의 표준세율은 [㉠ 1,000분의 0.7, ㉡ 1,000분의 2]이다.
5. 과세표준이 1억원인 광역시의 군지역에서 「농지법」에 따른 농업법인이 소유하는 농지로서 과세기준일 현재 실제 영농에 사용되고 있는 농지에 적용되는 재산세의 표준세율은 [㉠ 1,000분의 0.7, ㉡ 1,000분의 2]이다.

6. 법령이 정한 고급오락장용 토지의 재산세 표준세율은 [㉠ 1천분의 40, ㉡ 1천분의 4]이다.

7. 특별시 지역에서 「국토의 계획 및 이용에 관한 법률」과 그 밖의 관계 법령에 따라 지정된 주거지역 및 해당 지방자치단체의 조례로 정하는 지역의 대통령령으로 정하는 공장용 건축물의 재산세 표준세율은 과세표준의 [㉠ 1천분의 5, ㉡ 1천분의 2.5, ㉢ 비례세율, ㉣ 초과누진세율]이다.

8. 지방자치단체의 장은 특별한 재정수요나 재해 등의 발생으로 재산세의 세율 조정이 불가피하다고 인정되는 경우 조례로 정하는 바에 따라 표준세율의 100분의 50의 범위에서 가감할 수 있다. 다만, 가감한 세율은 [㉠ 해당 연도를 포함하여 3년간, ㉡ 해당 연도부터 3년간, ㉢ 해당 연도에만] 적용한다.

지피지기

1. 공유재산인 경우 그 지분에 해당하는 부분(지분의 표시가 없는 경우에는 지분이 균등한 것으로 봄)에 대해서는 그 [㉠ 지분권자, ㉡ 나이가 많은 사람]를 재산세 납세의무자로 본다.
2. 과세기준일 현재 공부상의 소유자가 매매로 소유권이 변동되었는데도 신고하지 아니하여 사실상의 소유자를 알 수 없는 경우 그 [㉠ 공부상의 소유자, ㉡ 사용자]에게 재산세 납세의무가 있다.
3. 상속이 개시된 재산으로서 상속등기가 이행되지 아니하고 사실상의 소유자를 신고하지 아니하였을 때에는 [㉠ 공동상속인 각자, ㉡ 주된 상속자, ㉢ 「민법」상 상속지분이 가장 높은 상속자(상속지분이 가장 높은 상속자가 두 명 이상인 경우에는 그중 나이가 가장 많은 사람)]가 재산세를 납부할 의무를 진다.
4. 재산세 과세기준일 현재 공부상에 개인 등의 명의로 등재되어 있는 사실상의 종중재산으로서 종중소유임을 신고하지 아니하였을 때에는 [㉠ 공부상 소유자, ㉡ 종중]는 재산세를 납부할 의무가 있다.
5. 지방자치단체와 재산세 과세대상 재산을 연부로 매매계약을 체결하고 그 재산의 사용권을 무상으로 받은 경우에는 그 [㉠ 매수계약자, ㉡ 그 사용권을 무상으로 받은 자]를 재산세 납세의무자로 본다.
6. 국가가 선수금을 받아 조성하는 매매용 토지로서 사실상 조성이 완료된 토지의 사용권을 [㉠ 무상으로 받은 자, ㉡ 매수계약자]는 재산세를 납부할 의무가 있다.
7. 「신탁법」에 따라 위탁자별로 구분되어 수탁자 명의로 등기 · 등록된 신탁재산의 [㉠ 수탁자, ㉡ 위탁자]는 재산세 납세의무자이다.
8. 「도시개발법」에 따라 시행하는 환지방식에 의한 도시개발사업 및 「도시 및 주거환경정비법」에 따른 정비사업(재개발사업만 해당한다)의 시행에 따른 환지계획에서 일정한 토지를 환지로 정하지 아니하고 체비지로 정한 경우 [㉠ 사업시행자, ㉡ 종전 토지 소유자]는 재산세 납세의무자이다.
9. 재산세 과세기준일 현재 소유권의 귀속이 분명하지 아니하여 사실상의 소유자를 확인할 수 없는 경우에는 그 [㉠ 사용자, ㉡ 공부상 소유자]가 재산세를 납부할 의무가 있다.

지피지기

1. 재산세의 과세기준일은 매년 [㉠ 6월 1일, ㉡ 7월 1일]로 한다.

2. 토지의 정기분 납부세액이 9만원인 경우 재산세 납기는 [㉠ 매년 7월 16일부터 7월 31일까지, ㉡ 매년 9월 16일부터 9월 30일까지, ㉢ 7월 16일부터 7월 31일까지로 하여 한꺼번에 부과·징수]이다.
3. 건축물에 대한 재산세 납기는 [㉠ 매년 7월 16일부터 7월 31일까지, ㉡ 매년 9월 16일에서 9월 30일까지]이다.

4. 해당 연도에 주택에 부과할 세액이 100만원인 경우 재산세 납기는 [㉠ 7월 16일부터 7월 31일까지로 하여 한꺼번에 부과·징수, ㉡ 9월 30일 납기로 한꺼번에 부과·징수, ㉢ 부과·징수할 세액의 2분의 1은 매년 7월 16일부터 7월 31일까지, 나머지 2분의 1은 9월 16일부터 9월 30일까지, ㉣ 세액의 2분의 1은 7월 16일부터 7월 31일까지, 나머지는 10월 16일부터 10월 31일까지]이다.
5. 주택의 재산세로서 해당 연도에 부과할 세액이 20만원 이하인 경우에는 납기를 [㉠ 7월 16일부터 7월 31일까지, ㉡ 9월 16일부터 9월 30일까지, ㉢ 10월 16일부터 10월 31일까지]로 하여 한꺼번에 부과·징수할 수 있다.

6. 재산세의 납기에도 불구하고 지방자치단체의 장은 과세대상 누락, 위법 또는 착오 등으로 인하여 이미 부과한 세액을 변경하거나 수시부과하여야 할 사유가 발생하면 수시로 부과·징수할 수 [㉠ 있다, ㉡ 없다].

7. 재산세는 관할 지방자치단체의 장이 세액을 산정하여 [㉠ 보통징수, ㉡ 특별징수]의 방법으로 부과·징수한다.
8. 재산세를 징수하려면 토지, 건축물, 주택, 선박 및 항공기로 구분한 납세고지서에 과세표준과 세액을 적어 늦어도 [㉠ 납기개시 5일 전까지, ㉡ 납부기한 10일 전까지] 발급하여야 한다.

9. 지방자치단체의 장은 재산세의 납부세액(재산세 도시지역분 포함)이 [㉠ 1천만원, ㉡ 250만원]을 초과하는 경우에는 납세의무자의 신청을 받아 해당 지방자치단체의 관할구역에 있는 부동산에 대하여만 대통령령으로 정하는 바에 따라 물납을 허가할 수 있다.
10. 재산세를 물납하려는 자는 [㉠ 납부기한 10일 전까지, ㉡ 납기개시 5일 전까지] 납세지를 관할하는 시장·군수·구청장에게 물납을 신청하여야 한다.
11. 재산세 물납신청을 받은 시장·군수·구청장이 물납을 허가하는 경우 물납을 허가하는 부동산의 가액은 [㉠ 물납허가일, ㉡ 재산세 과세기준일] 현재의 시가로 한다.

12. 지방자치단체의 장은 재산세의 납부할 세액이 500만원 이하인 경우 250만원을 초과하는 금액은 납부기한이 지난 날부터 [㉠ 3개월, ㉡ 2개월] 이내 분할납부하게 할 수 있다.

13. 고지서 1장당 재산세로 징수할 세액이 [㉠ 2천원, ㉡ 6천원] 미만인 경우에는 해당 재산세를 징수하지 아니한다.

❙ 지피지기

1. 지방자치단체가 1년 이상 공용으로 사용하는 재산으로서 [㉠ 유료, ㉡ 무료]로 사용하는 경우에는 재산세를 부과한다.

2. 「군사기지 및 군사시설 보호법」에 따른 군사기지 및 군사시설 보호구역 중 통제보호구역에 있는 전·답은 재산세 [㉠ 비과세, ㉡ 과세]대상이다.

Chapter 07

종합부동산세

지피지기

1. [㉠ 회원제 골프장용 토지(회원제 골프장업의 등록시 구분등록의 대상이 되는 토지), ㉡ 분리과세대상 토지, ㉢ 「자연공원법」에 따라 지정된 공원자연환경지구의 임야, ㉣ 공장용 건축물, ㉤ 상가 건물]에 대해서는 종합부동산세를 과세하지 아니한다.

2. 「근현대문화유산의 보존 및 활용에 관한 법률」에 따른 등록문화유산에 해당하는 주택은 [㉠ 합산의 대상이 되는 주택의 범위에 포함되지 않는 것으로 본다, ㉡ 1세대가 소유한 주택 수에서 제외한다].

3. 대통령령으로 정하는 1세대 1주택자(공동명의 1주택자 제외)의 경우 주택에 대한 종합부동산세의 과세표준은 납세의무자별로 [㉠ 주택의 공시가격을 합산한 금액에서 12억원을 공제한 금액에 100분의 60을 곱한 금액, ㉡ 주택의 공시가격을 합산한 금액에서 6억원을 공제한 금액에서 다시 3억원을 공제한 금액에 공정시장가액비율을 곱한 금액]으로 한다. 다만, 그 금액이 영보다 작은 경우에는 영으로 본다.

4. 1세대 1주택자에 대하여는 주택분 종합부동산세 산출세액에서 소유자의 연령과 주택 보유기간에 따른 공제액을 공제율 합계 [㉠ 100분의 70, ㉡ 100분의 80]의 범위에서 중복하여 공제한다.

5. 공동명의 1주택자인 경우 주택에 대한 종합부동산세의 과세표준은 주택의 [㉠ 시가, ㉡ 공시가격]를(을) 합산한 금액에서 [㉢ 0원, ㉣ 9억원, ㉤ 11억원, ㉥12억원]을 공제한 금액에 [㉦ 100분의 50, ㉧ 100분의 60, ㉨ 100분의 100]을 한도로 공정시장가액비율을 곱한 금액으로 한다.

6. 과세기준일 현재 토지분 재산세의 납세의무자로서 국내에 소재하는 종합합산과세대상 토지의 공시가격을 합한 금액이 [㉠ 5억원, ㉡ 80억원]을 초과하는 자는 해당 토지에 대한 종합부동산세를 납부할 의무가 있다.

7. 토지분 재산세의 납세의무자로서 종합합산과세대상 토지의 공시가격을 합한 금액이 [㉠ 5억원인 자, ㉡ 5억원을 초과하는 자]는 종합부동산세를 납부할 의무가 있다.

8. 주택분 종합부동산세액에서 공제되는 재산세액은 재산세 표준세율의 100분의 50의 범위에서 가감된 세율이 적용된 경우에는 그 세율이 [㉠ 적용되기 전의 세액, ㉡ 적용된 세액]으로 한다.

9. 종합합산과세대상 토지의 재산세로 부과된 세액이 세부담상한을 적용받는 경우 그 상한을 [㉠ 적용받기 전의 세액, ㉡ 적용받은 세액]을 종합합산과세대상 토지분 종합부동산세액에서 공제한다.
10. 별도합산과세대상인 토지의 과세표준 금액에 대하여 해당 과세대상 토지의 토지분 재산세로 부과된 세액(「지방세법」에 따라 가감조정된 세율이 적용된 경우에는 그 세율이 [㉠ 적용되기 전의 세액, ㉡ 적용된 세액], 같은 법에 따라 세부담 상한을 적용받은 경우에는 그 상한을 [㉢ 적용받기 전의 세액, ㉣ 적용받은 세액]을 말한다)은 토지분 별도합산세액에서 이를 공제한다.

11. 종합부동산세를 신고납부방식으로 납부하고자 하는 납세의무자는 종합부동산세의 과세표준과 세액을 해당 연도 [㉠ 9월 16일부터 9월 30일까지, ㉡ 11월 16일부터 11월 30일까지, ㉢ 12월 1일부터 12월 15일까지] 관할세무서장에게 신고하여야 한다.
12. 관할세무서장은 종합부동산세를 징수하려면 납부고지서에 주택 및 토지로 [㉠ 구분, ㉡ 합산]한 과세표준과 세액을 기재하여 납부기간 개시 5일 전까지 발급하여야 한다.

13. 관할세무서장은 종합부동산세로 납부하여야 할 세액이 [㉠ 200만원, ㉡ 250만원]을 초과하는 경우에는 대통령령으로 정하는 바에 따라 그 세액의 일부를 납부기한이 지난 날부터 6개월 이내에 분납하게 할 수 있다.

14. 종합부동산세는 물납이 [㉠ 허용된다, ㉡ 허용되지 않는다].

15. 납세의무자가 법인으로 보지 않는 단체인 경우 주택에 대한 종합부동산세 납세지는 [㉠ 주소지, ㉡ 주택의 소재지]이다.

16. 종합부동산세의 과세기준일은 [㉠ 매년 6월 1일, ㉡ 매년 7월 1일]로 한다.

17. 납세자에게 부정행위가 없으며 특례제척기간에 해당하지 않는 경우, 원칙적으로 납세의무 성립일부터 [㉠ 3년, ㉡ 5년]이 지나면 종합부동산세를 부과할 수 없다.
18. 종합부동산세의 경우 부과제척기간의 기산일은 [㉠ 납세의무 성립일, ㉡ 과세기준일, ㉢ 매년 6월 1일, ㉣ 과세표준과 세액에 대한 신고기한의 다음 날]이다.

Chapter

08 조세총론

지피지기

1. 양도소득세 예정신고 납세의무의 확정은 [㉠ 납세의무자의 신고, ㉡ 관할세무서장의 결정]에 의한다.
2. 종합부동산세를 신고납부방식으로 납부하고자 하는 경우 과세표준과 세액을 해당 연도 12월 1일부터 12월 15일까지 관할 세무서장에게 신고하는 때에 종합부동산세 납세의무는 [㉠ 확정된다, ㉡ 확정되지 아니한다].

3. 납세자가 법정신고기한까지 소득세의 과세표준신고서를 제출하지 아니하여 해당 지방소득세를 부과할 수 없는 경우에 지방세 부과 제척기간은 [㉠ 5년, ㉡ 7년, ㉢ 10년]이다.
4. 납세자에게 부정행위가 없으며 특례제척기간에 해당하지 않는 경우, 원칙적으로 [㉠ 납세의무 성립일, ㉡ 신고기한의 다음 날]부터 [㉢ 5년, ㉣ 7년, ㉤ 10년]이 지나면 종합부동산세를 부과할 수 없다.

지피지기

1. 재산의 매각대금 배분시 당해 재산에 부과된 [㉠ 종합부동산세, ㉡ 취득세에 부가되는 지방교육세, ㉢ 등록면허세]는 당해 재산에 설정된 전세권에 따라 담보된 채권보다 우선한다.
2. 재산의 매각대금 배분시 당해 재산에 부과된 [㉠ 재산세, ㉡ 소방분에 대한 지역자원시설세, ㉢ 부동산임대에 따른 종합소득세]는 당해 재산에 설정된 저당권에 따라 담보된 채권보다 우선한다.

▎지피지기

1. 농어촌특별세는 [㉠ 취득단계, ㉡ 보유단계, ㉢ 양도단계]에서 부담할 수 있는 국세이다.
2. 지방교육세는 [㉠ 취득단계, ㉡ 보유단계, ㉢ 양도단계]에서 부담할 수 있는 지방세이다.

▎지피지기

1. 지방세에 관한 불복시 불복청구인은 이의신청을 거치지 않고 심판청구를 제기할 수 [㉠ 없다, ㉡ 있다].
2. 이의신청인은 신청금액이 2천만원 미만인 경우에는 그의 배우자, 4촌 이내의 혈족 또는 그의 배우자의 4촌 이내 혈족을 대리인으로 선임할 수 [㉠ 있다, ㉡ 없다].

제36회 공인중개사 시험대비 **전면개정**

2025 박문각 공인중개사
정석진 부동산세법 빈출지문 지피지기

초판인쇄 | 2025. 5. 5. **초판발행** | 2025. 5. 10. **편저** | 정석진 편저
발행인 | 박 용 **발행처** | (주)박문각출판 **등록** | 2015년 4월 29일 제2019-000137호
주소 | 06654 서울시 서초구 효령로 283 서경빌딩 4층 **팩스** | (02)584-2927
전화 | 교재 주문 (02)6466-7202, 동영상문의 (02)6466-7201

저자와의
협의하에
인지생략

정가 13,000원
ISBN 979-11-7262-815-4